Cortland Dahl

Guía para meditadores

El camino budista de la compasión y la sabiduría

Prólogo de Yongey Mingyur Rinpoche

Traducción del inglés de Miguel Portillo

Título original: A Meditator's Guide to Buddhism:
The Path of Awareness, Compassion, and Wisdom

Revisión: Amelia Padilla
Diseño cubierta: Katrien Van Steen
Fotocomposición: Florence Carreté
Impresión y encuadernación: Litogama. 08030 Barcelona

Primera edición: Enero 2025
ISBN: 978-84-1121-335-6
Depósito legal: B 22.735-2024

Este libro está dedicado al Buda
y a los innumerables maestros despiertos
que han seguido sus pasos

Sumario

Prólogo

Imagina haber crecido en una hermosa aldea enclavada en un valle del Himalaya. Cerca hay un arroyo glacial y un lago, flores silvestres y jardines alrededor de unas casitas donde vacas, yaks y perros vagan libremente. Esta fue mi experiencia de niño, rodeado de familiares y amigos que se preocupaban por mí. La mayoría de la gente pensaría que era un lugar perfecto para crecer, pero las nubes amenazadoras y las tormentas que soplaban en el valle me provocaban ansiedad y ataques de pánico. Pasé gran parte de mi infancia viviendo con miedo. Como procedía de una familia de meditadores, me encantaba la idea de la meditación, pero me daba un poco de pereza. Después de luchar durante algún tiempo, reuní el valor suficiente para preguntar a mi madre si podía pedir permiso a mi padre, un gran maestro, para estudiar con él formalmente. Aceptó, y durante los tres años siguientes me enseñó, a su manera, muchas técnicas de meditación. Oí hablar de principios e ideas budistas como la vacuidad, la interdependencia y que todos tenemos naturaleza búdica. Aunque todo esto era útil, no tenía claro cómo se interrelacionaban esas enseñanzas ni cómo podía aplicarlas.

Cuando cumplí once años, me enviaron al monasterio de Sherab Ling, en el norte de la India, la sede monástica de Tai Situ Rinpoche. Allí, bajo la dirección de Saljey Rinpoche y otros, estudié los tres *yanas*, o tres vehículos. Se trata de tres enfoques diferentes de la práctica budista que ofrecen métodos prácticos para explorar y transformar nuestro mundo interior, incluidos nuestros pensamientos, emociones e incluso la propia consciencia. En conjunto, este marco me permitió entablar amistad con mis pensamientos y emociones, especialmente con la ansiedad y el pánico. Una vez que pude ver cómo encajaban los tres *yanas*, empecé a comprender el potencial que tenían para la libertad interior y la felicidad, algo que creo que todos esperamos experimentar.

En el Tíbet, este marco de los tres *yanas* se ha utilizado durante más de mil años como una especie de hoja de ruta para recorrer el camino del despertar. Los tres *yanas* tienen el potencial de ayudarnos a sortear los numerosos retos que se nos presentan e incluso a cambiar nuestra forma de ver el mundo. Para mí y para innumerables personas, los *yanas* proporcionan un proceso paso a paso para disolver suavemente los patrones habituales que nublan el reconocimiento de nuestra verdadera naturaleza. Al romper estos patrones de insatisfacción y sufrimiento, nuestra experiencia se transforma. En conjunto, son el camino para conocer con certeza nuestra bondad básica innata.

En este libro, Cortland Dahl ofrece una clara presentación de los tres *yanas* y de por qué son importantes. Entretejiendo historias sobre Siddhartha Gautama (el Buda de nuestro tiempo) y su propia experiencia personal, Cortland explora con desenfado las enseñanzas más esenciales de la filosofía budista. También recurre a enseñanzas y técnicas de meditación exclusivamente tibetanas que han evolucionado a lo largo de los siglos, y hace hincapié en que la conciencia, la compasión y la sabiduría son su núcleo.

Este libro es una guía experiencial que comienza con una exploración de las Cuatro Nobles Verdades para ayudarte a ser consciente del sufrimiento humano, sus causas y cómo aliviarlo.

Con ejemplos prácticos, Cortland nos muestra los tres *yanas* con claridad y perspicacia y nos explica cómo podemos aplicar estas enseñanzas a nuestras propias vidas. Nos embarca en un viaje de autodescubrimiento para investigar los patrones humanos de continuo apego e insatisfacción, nuestra adicción al hacer y nuestra tendencia a mirar hacia el futuro en lugar de disfrutar de la riqueza del momento presente. Con calidez y humor, nos recuerda que una mente orientada hacia el exterior está perdida y confusa, y que solo orientando la mente hacia el interior podemos encontrar verdaderamente la paz y la satisfacción.

Cortland lleva décadas estudiando y experimentando todo esto de primera mano. Es un erudito traductor de tibetano, pero también está profundamente versado en el linaje experiencial del budismo tibetano. Vivió en Nepal y la India durante casi una década, pasando tiempo en retiro y estudiando las enseñanzas tradicionales sobre meditación en la tradición tibetana.

Tanto si eres nuevo en la meditación como si eres un practicante experimentado, este libro te resultará una útil guía para aprender las enseñanzas budistas, en especial tal y como se presentan en el budismo tibetano.

YONGEY MINGYUR RINPOCHE

Introducción

Una nueva manera de vivir

> «Todo lo que siempre has deseado está aquí mismo, en este momento presente de conciencia».
>
> YONGEY MINGYUR RINPOCHE

Hace mucho tiempo había un anciano que vivía en una choza destartalada en el bosque. No tenía casi nada, apenas lo suficiente para sobrevivir, pero no sabía que había un tesoro enterrado bajo su casa.

Cada día, dejaba atrás su fortuna y se aventuraba por el mundo en busca de algún modo de ganarse la vida. Intentó cazar y buscar comida. Hizo trabajos esporádicos. Y cuando no encontraba nada, pedía limosna a sus vecinos. Muchas noches se quedaba con hambre.

Un día apareció en su puerta una misteriosa mujer que proclamó que era increíblemente rico: «Hay un tesoro de oro y diamantes enterrado justo donde estás. ¡Eres rico! ¿No lo ves? Solo tienes que desenterrar el tesoro y todo será tuyo».

El anciano estaba tan acostumbrado a verse pobre y necesitado que simplemente no podía creer la buena noticia. Ser rico estaba tan lejos de su realidad que descartó el comentario de la misteriosa mujer sin pensárselo dos veces. Quizá le estaba gastando una broma; quizá se había equivocado de persona. Ni siquiera se tomó la molestia de buscar el tesoro. Pocos años después, falleció en la pobreza, completamente ajeno a la riqueza que poseía.

Cada uno de nosotros es ese anciano que vivía en el bosque. Todos tenemos un tesoro enterrado en lo más profundo de nuestro ser, una fuente de satisfacción y paz interior que llevamos con nosotros en cada momento de cada día. Sin embargo, al igual que el anciano, permanecemos ciegos a esta riqueza interior. No tenemos ni idea de que está ahí y, por tanto, no podemos disfrutar de la riqueza que poseemos.

Una persistente sensación de carencia interior nos impulsa a buscar la felicidad y la plenitud en un millón de lugares diferentes. Buscamos y buscamos, esperando encontrar algo que nos permita sentirnos a gusto en el mundo, anhelando dejar por fin la lucha y relajarnos.

Pero ese día parece no llegar nunca. Así que seguimos buscando.

La era de la ansiedad

> «Todos sentimos nostalgia. Aunque nuestro verdadero hogar está en nuestro interior, no lo reconocemos y buscamos la felicidad fuera de nosotros».
>
> SALJEY RINPOCHE

No es casualidad que muchos de nosotros sintamos que estamos en una carrera sin fin. En la era de la ansiedad, nos bombardean con información desde que nos levantamos por la mañana hasta que nos vamos a dormir. Nuestros dispositivos se han convertido en extensiones de nuestro ser, hasta el punto de que rara vez los apagamos. Como resultado, nosotros mismos nunca nos desconectamos.

La necesidad de hacer algo o de consumir la siguiente información nunca cesa y, antes de que nos demos cuenta, hacer se convierte en una compulsión. Puede que estemos estresados y abrumados o que simplemente seamos incapaces de parar un momento y recuperar el aliento, pero no sabemos cómo dejarlo. Lo más cerca que estamos de un momento de verdadero descanso es perdiéndonos en la distracción.

El budismo nos ofrece una manera diferente de vivir.

La perspectiva central del budismo es que todos contamos con una fuente de paz interior y satisfacción muy dentro de nosotros. El problema es que no reconocemos lo que tenemos. Al igual que la mujer que apareció para recordarle al anciano que era más rico de lo que jamás había soñado, nosotros necesitamos que alguien nos lo indique y nos muestre el camino, y luego tenemos que desenterrar el tesoro y descubrirlo por nosotros mismos.

Aunque el budismo es una de las principales religiones del mundo, no se centra en sistemas de creencias ni en poderes superiores. El budismo es un camino, una formación práctica para aprovechar el potencial de la mente humana. Es una hoja de ruta para la autoexploración y el autodescubrimiento que nos ayuda a ser la mejor versión de nosotros mismos.

Este libro pretende ser una guía experiencial del camino budista. Es para las personas que están más interesadas en la experiencia directa y las ideas prácticas que en las lecciones de historia y la filosofía abstracta. Es el tipo de libro que yo buscaba cuando empecé a meditar. En estas páginas encontrarás muchas ideas, aunque los principios básicos del budismo se presentan de forma directa y sencilla, mostrando cómo se aplican estas enseñanzas a la intensidad de nuestra estresante vida cotidiana.

Como puedes imaginar, hay muchas escuelas y linajes diferentes en el budismo, cada uno con su propia forma de presentar el camino budista. El Zen es conocido por su enfoque nítido y su simplicidad. Las tradiciones Theravada que se encuentran en Sri Lanka y el sudeste asiático son famosas por su intrincada comprensión de la mente y su método paso a paso para obtener comprensiones reveladoras. El enfoque que he adoptado aquí se basa en gran medida en el budismo tibetano. Las enseñanzas tibetanas son especialmente conocidas por su énfasis en la compasión y por las poderosas técnicas de meditación que han evolucionado a lo largo de los siglos. Sin embargo, el enfoque tibetano es, sobre todo, el arte de ser. Proporciona un camino sencillo hacia una mente tranquila y equilibrada.

Nuestra exploración comenzará con las enseñanzas fundamentales de la tradición budista: las Cuatro Nobles Verdades. Este sencillo marco es la base de todo el camino budista. Describe cómo y por qué sufrimos, y cómo podemos aprender a prosperar y florecer entrenando nuestra mente mediante la meditación. A continuación, profundizaremos un poco más en el camino budista hacia el despertar. La hoja de ruta de nuestro viaje se centra en tres formas únicas de comprender el funcionamiento de la mente humana. Estas tres vías se conocen como los *tres yanas*, los tres «vehículos» que nos llevan desde nuestro estado actual de inquieta distracción hasta una experiencia de profunda percepción y despertar. Conoceremos las perspectivas únicas de cada *yana* y también cómo cada vehículo aborda la meditación y aplica los principios budistas en la vida cotidiana.

A lo largo del libro, exploraremos toda la gama de enseñanzas y prácticas de la tradición budista. Todas ellas pretenden iluminar nuestra experiencia para que podamos navegar mejor por todos los retos a los que nos enfrentamos en este mundo caótico. Pero obtener información no es el objetivo. Cada idea debe considerarse un catalizador para que experimentemos algo por nosotros mismos. Las creencias no son lo importante en el budismo. La experiencia es la puerta de entrada a la transformación.

Como compañero explorador, hay cosas que te recomendaría llevar contigo en tu viaje. La primera es la curiosidad. Como verás, fue la curiosidad inicial del Buda la que allanó el camino para todo el sendero budista. Al abrirnos a nuevas ideas y perspectivas, la curiosidad será la clave del crecimiento y el autodescubrimiento.

Un segundo elemento que resulta útil es la paciencia: la paciencia para confiar en el proceso y permanecer abiertos al cambio. Cuando empecé a meditar, estaba completamente abrumado por el estrés y la ansiedad; pero aunque ansiaba una nueva forma de vivir, no me resultó fácil abandonar mis viejas creencias disfuncionales. Tenía convicciones muy arraigadas, como la opinión de que mi valía como ser humano se basaba en lo que hacía y conseguía. Estas creencias inconscientes me mantenían corriendo hacia una línea de meta que nunca podría alcanzar. Uno pensaría que sería fácil soltarlas una vez que me diera cuenta de este hábito mental, pero una parte de mí no quería ir más allá de lo que me resultaba familiar. Soltar suena bien en teoría, pero, cuando sucede realmente, puede parecer que estemos perdiendo parte de nosotros mismos. Por eso, a menudo hay que tener paciencia para recorrer el camino. El camino rara vez es predecible.

El último elemento que te animo a llevar contigo es la autocompasión. Ser humano no es fácil, y el mundo no nos hace ningún favor hoy en día en lo que respecta a la felicidad y el bienestar. El camino espiritual es transformador y gratificante, pero se necesita un enorme coraje para iniciar este viaje. Nuestra fortaleza debe equilibrarse con la autocompasión; se necesitan ambas para adentrarse en lo desconocido. La alternativa es quedarse estancado.

La idea central del budismo es que el despertar es posible para todos nosotros. Lo que el Buda descubrió por sí mismo, y luego enseñó a los demás, es lo que conocemos como budismo. Es una tradición viva de experiencia que continúa mientras lees este libro y asimilas las enseñanzas por ti mismo. En realidad, la tradición no está en ninguna otra parte que no sea dentro de nosotros mismos y en todas las personas que la viven y practican.

Comencemos.

1. Una tradición humana

> «Profundo, pacífico, simple, luminoso e incondicionado es el Dharma como néctar que he encontrado. Sin embargo, si se lo enseño a otros, no lo entenderán, Así que permaneceré en silencio en este bosque».
>
> El Buda

El budismo estuvo a punto de no existir. Cuando el Buda tuvo su despertar bajo el árbol de la bodhi, en la antigua India, lo primero que pensó fue: «Me guardaré estas ideas para mí y viviré mis días como un meditador sosegado». Lo que descubrió era profundamente diferente de las opiniones predominantes en esa época. Había conocido a otros buscadores espirituales por el camino –muchos de ellos meditadores empedernidos como él–, pero todos estaban absortos en un paradigma muy diferente. Empujaban, buscaban y se esforzaban, sondeando experiencias extremas y estados mentales alterados. Pero lo que el Buda descubrió era bastante sencillo.

Al final, el Buda cambió de opinión y decidió compartir lo que había descubierto. Según la leyenda, los dioses de la antigua India descendieron de los cielos y le rogaron que enseñara. Su petición le conmovió y pronto empezó a hacer «girar la rueda del Dharma», compartiendo el camino del despertar con cualquiera que expresara un interés genuino por explorar y transformar su mente.

Han pasado más de 2.500 años desde que el Buda se sentara a meditar bajo el árbol de la bodhi, e innumerables personas han seguido el camino de autodescubrimiento que compartió con el mundo. Me cuento entre sus seguidores, y es sorprendente pensar que toda la tradición budista casi no llegó a existir. Puede que nunca me hubiera topado con el camino de la meditación cuando luchaba contra la ansiedad social como estudiante universitario estresado hace treinta años. Puede que nunca hubiera oído hablar de la naturaleza búdica o de que podía aprender a vivir con más conciencia, compasión y sabiduría entrenando mi mente. Cuando reflexiono sobre cómo estas enseñanzas han transformado mi vida y la de innumerables personas, siento gratitud por la decisión del Buda, tomada hace mucho tiempo, de empezar a enseñar.

El paradigma dominante que casi impidió al Buda compartir lo que encontró bajo el árbol de la bodhi no es tan diferente de muchas de las perspectivas dominantes que vemos operar en el mundo de hoy. Aunque la historia del Buda comienza hace 2.500 años, los sentimientos y las luchas que le impulsaron a buscar el despertar han sido los sentimientos y las luchas de todos los seres humanos, tanto de ayer como de hoy. Fue el sufrimiento lo que le impulsó a buscar el cambio, y hoy en día no escasean el estrés y la incertidumbre en nuestras vidas. La historia del Buda puede parecer extrema, pero más allá de los detalles es una experiencia humana compartida.

El Buda no siempre fue «el Buda». Según la tradición budista, nació como Siddhartha Gautama y vivió los primeros años de su vida en un palacio de un hermoso valle del norte de la antigua

India. Su padre era rey y tenía grandes aspiraciones para su hijo. Crió al joven Siddhartha en una vida de enormes privilegios, le preparó para ser gobernante y le colmó de todo lo que pudiera desear. El padre de Siddhartha satisfacía todos sus caprichos, le protegía de cualquier incomodidad y practicaba lo que hoy llamaríamos «paternidad helicóptero» en extremo. El joven Siddhartha tenía un asistente que le ponía una sombrilla sobre la cabeza para protegerle de los elementos. Poderoso, rico y famoso desde el momento en que nació, creció en una burbuja con la que pocos de nosotros podemos identificarnos.

Los instintos sobreprotectores del padre de Siddhartha no eran injustificados. Según cuenta la leyenda, en la zona vivía un sabio de renombre que profetizó que, cuando Siddhartha creciera, sería, o un gran líder religioso, o un gran gobernante. Su padre, procedente de la clase dirigente de la sociedad india y que quería que el joven Siddhartha siguiera sus pasos, se quedó prendado de la visión de su hijo como gobernante. Así que se aseguró de dirigirlo en esa dirección. No solo le dio cobijo y riqueza material, sino también la mejor educación y formación disponibles. El plan del padre era protegerlo de todas las pruebas y tribulaciones del ser humano, con la esperanza de que eso lo alejara de la vida religiosa y lo condujera por el camino de la política y el poder.

A medida que Siddhartha crecía, se hizo evidente que era alguien con talento. Era inteligente y atlético. Finalmente se casó con la mujer que amaba, y tuvieron un hijo. Rico y poderoso, con una hermosa familia, Siddhartha tenía todo lo que podía querer o desear. Todas aquellas cosas que el mundo nos dice que necesitamos para ser felices.

A pesar de estar rodeado de riqueza, poder y placer, Siddhartha se sentía vacío. Lo tenía todo desde el punto de vista material, pero su vida interior estaba sin desarrollar. No importaba lo que lograra, los elogios que recibiera o el placer que experimentara, todo ello no hacía sino reforzar la persistente sensación de insatisfacción que le perseguía como una sombra. Con el tiempo, su descontento se hizo cada vez más intenso. Todas las «cosas buenas» de la vida le proporcionaban un placer temporal, pero no una felicidad duradera. Lo hacía todo bien, pero nunca era suficiente.

Siddhartha operaba en el mismo paradigma en el que nos encontramos en la actualidad, miles de años después. Este paradigma nos dice que la clave para una vida plena es tener más: más dinero, más placer y más cosas. Necesitamos un cuerpo mejor, mejores relaciones y mejores trabajos con mejor sueldo. Desde pequeños, recibimos mensajes sutiles de que no damos la talla y de que la única forma de sentirnos realizados y felices es conseguir todas las cosas que la sociedad nos dice que necesitamos.

Aunque muchos de nosotros no vivimos en burbujas de enorme riqueza, sí lo hacemos en nuestras propias burbujas particulares, creadas por nosotros mismos, y nos esforzamos en protegernos de los inconvenientes y el sufrimiento. Hacemos todo lo posible por encerrarnos en un mundo previsible y cómodo. Todos queremos salvarnos a nosotros mismos, y a las personas que amamos, del dolor y las dificultades.

La experiencia interior del joven Siddhartha apunta a un hecho muy básico sobre la condición humana: ninguna cantidad de éxito, riqueza o poder nos protegerá del sufrimiento de ser humanos. Todos experimentamos incertidumbre y miedo. Todos experimentamos la montaña rusa de nuestros pensamientos y emociones. Todos tenemos momentos de irritación o dolor, celos o ira. Todos exteriorizamos a veces nuestras emociones y nos cerramos por completo en otras. Por mucho que lo intentemos, es imposible evitar el dolor, el sufrimiento y la pérdida.

Un día, Siddhartha fue llevado por su asistente más allá de los muros del palacio, a una población cercana. A esas alturas, ya era consciente de las pruebas y tribulaciones internas y de los sufrimientos a los que todos nos enfrentamos. Pero, en ese viaje, vio el sufrimiento a un nivel completamente nuevo. Fue testigo del envejecimiento y la pobreza, de enfermos y moribundos. También vio, por primera vez, a un renunciante, alguien que había abandonado la búsqueda de la riqueza y el placer en favor de la búsqueda espiritual.

Fue en ese momento crucial cuando fracasó el plan de su padre para mantenerlo feliz y protegido.

Cuando Siddhartha regresó al palacio, no pudo olvidar el sufrimiento extremo que había presenciado, lo que le hizo reflexionar sobre su propia vida. Se dio cuenta de que, a pesar de contar con todos los placeres que uno pudiera desear, nunca había experimentado una satisfacción duradera. Por el contrario, sentía un malestar crónico y persistente. Las cosas siempre le parecían un poco fuera de lugar, como si estuviera esperando una experiencia mejor que la que estaba viviendo.

Siddhartha empezó a plantearse algunas preguntas básicas sobre la condición humana: ¿Cómo podemos sentirnos en casa en el mundo? ¿Cómo podemos salir de este ciclo constante de sufrimiento e irritación, de la danza del placer y el dolor? Al mirar a su alrededor, vio que todo el mundo estaba atrapado en el mismo ciclo de insatisfacción. Era la experiencia de su mujer, de su padre, de todos sus conocidos. Esta percatación de la constancia de nuestra irritación le llevó a dar la espalda a la vida que se le había dado y a emprender un viaje muy diferente.

A la edad de veintinueve años, convenció a su asistente para que lo sacara del palacio, lejos de todo lo que había conocido. Siddhartha se alejo de todo.

El camino de la renuncia

«Todos los seres quieren ser felices, pero muy pocos saben cómo».

SHARON SALZBERG

Cuando Siddhartha salió por las puertas del palacio no tenía un plan claro. La antigua India vivía una época de enormes cambios sociales, con nuevas filosofías, nuevas doctrinas y prácticas espirituales, y un gran número de renunciantes meditadores que buscaban otro tipo de existencia. En el caso de Siddhartha, guiado por sus preguntas y su curiosidad, podemos imaginar que la percepción de las posibilidades que se abrían ante él le impulsó a adentrarse en esta nueva vida.

Al iniciar su peregrinaje, se enfrentó de nuevo a los hechos universales del sufrimiento: enfermamos, envejecemos, experimentamos pérdidas inimaginables... Y, al final, todos morimos. Dondequiera que mirara, se encontraba con esta realidad. Pero, además, se dio cuenta de que el sufrimiento sutil que había experimentado en el palacio era cierto para todo el mundo. Todo el mundo parecía caminar por la vida con una fiebre de insatisfacción de baja intensidad. Algunos sufrían enormemente y otros estaban relativamente satisfechos, pero nadie parecía sentirse del todo a gusto en el mundo.

Con todo el estrés al que nos enfrentamos en nuestra vida cotidiana y todas las demandas de nuestro tiempo y energía, muchos de nosotros anhelamos la experiencia de sentirnos a gusto. ¿Recuerdas algún momento en el que regresases a casa tras un día estresante o después de un viaje largo y arduo? Puede que hayas sentido una sensación de alivio o como si por fin pudieras dejarte llevar y relajarte; sentido como si pudieras volver a ser tú mismo, sin tener que ir a ningún sitio y sin que te quedara nada pendiente.

Siddhartha anhelaba desesperadamente esa sensación de sentirse en casa en su vida y en el mundo, pero, mirase donde mirase, lo único que veía era sufrimiento. Todos buscaban algo o hacían todo lo posible por aferrarse a lo que tenían. Nadie parecía realmente tranquilo.

Siddhartha se enfrentaba cara a cara a la condición humana. Las relaciones aportan alegría y sentido a nuestras vidas, pero también sufrimiento y pérdida. Nuestros trabajos y aficiones pueden ser fuentes de gran estrés y dificultades, incluso cuando tenemos la suerte de disfrutar de nuestro trabajo. Tener un cuerpo nos permite hacer muchas cosas, pero inevitablemente todos experimentamos el sufrimiento del envejecimiento y la enfermedad.

Estos hechos básicos de la existencia se hicieron cada vez más reales para Siddhartha cuando abandonó el palacio, por lo que su cuestionamiento no hizo sino profundizar. En el centro de su búsqueda estaban las preguntas más importantes de toda la tradición budista: ¿Por qué sufrimos? ¿Existe una salida? Estas preguntas le impulsaron en su viaje espiritual. Quería deshacer los nudos del sufrimiento y florecer de un modo más perdurable.

Echa un vistazo a tu propia vida. ¿Te sientes identificado con lo increíblemente difícil y valeroso que es dar la espalda a algo familiar cuando no sabes hacia dónde te diriges? Tal vez te sientas estancado en tu trabajo, en tus relaciones o en viejos patrones que ya no te sirven. Tal vez el ajetreo diario de una lista interminable de tareas pendientes te haga sentir desalentado o te haga desear algo más significativo. Tal vez te sientas abrumado por el estrés, la ansiedad, la ira o la tristeza; o puede que simplemente te sientas paralizado.

Al igual que el joven Siddhartha en el umbral de su palacio, muchos de nosotros nos sentimos preparados para dar un paso hacia lo desconocido, pero no sabemos qué hacer a continuación. Por eso, la renuncia es una parte tan importante de la historia de Siddhartha: tuvo que apartarse de lo conocido para dar paso a algo nuevo en su vida. De hecho, la renuncia consiste tanto en volverse hacia algo nuevo como en soltar. La renuncia puede sonar sombría y pesimista, pero el tipo de transformación del que hablamos aquí es radicalmente positivo. Abrirnos a nuevas posibilidades puede ser nuestra propia expresión de lo que hizo Siddhartha cuando atravesó las puertas del palacio.

Esos pasos hacia lo desconocido son una parte esencial del budismo. Tanto si te enfrentas a una decisión vital importante como si simplemente te preguntas cómo vas a pasar la próxima hora, cada momento te brinda la oportunidad de situarte en este umbral. ¿Cómo vas a pasar este día de tu vida? ¿Vas a seguir el camino conocido, aunque sepas adónde conduce, o vas a explorar algo diferente? La renuncia nos invita a profundizar en nosotros mismos, a probar algo distinto y ver qué pasa.

Apartarse de los propios hábitos y patrones es increíblemente valiente. Para trasladar esta idea de renuncia a tu propia experiencia, piensa en un momento crucial en el que diste el valiente paso de dejar atrás algo conocido y estuviste dispuesto a probar algo nuevo y diferente. Puede que incluso recurrir a este libro, en lugar de ver tu serie favorita o volver a otra fuente de placer, fuera un momento así para ti. Cuando eliges el nuevo hábito de meditar todas las mañanas, en lugar de hojear las noticias, estás tomando el camino de la renuncia.

Uno de esos momentos de mi vida llegó cuando era joven y estaba descubriendo quién era en el mundo. No tenía nada que ver con el budismo, sino con la lectura de la famosa novela francesa *Los Miserables*, de Victor Hugo. Hay una escena en la que el protagonista, Jean Valjean, sale de la cárcel y no tiene adónde ir. No tiene casa ni nada que comer, pero tiene suerte y acaba siendo acogido por un bondadoso obispo. Jean Valjean empieza siendo un buen tipo, pero a estas alturas de la historia ha perdido el norte y acaba robando al obispo. Es un momento impactante.

Jean Valjean coge la mercancía y se escabulle en la noche, y no tarda en ser atrapado por un policía local. Jean está desesperado. Afirma que el obispo le dio las cosas que había robado. El policía, por supuesto, no se lo cree y lo arrastra de vuelta a la casa del obispo. Y aquí está la parte que me conmovió: el obispo le dice al oficial que, en efecto, le dio a Jean todo el botín robado, y luego va un paso más allá, pasándole a Jean dos candelabros de plata de incalculable valor. «Toma, amigo mío –le dice el obispo–, te olvidaste de llevarte tus candelabros».

Me sentí profundamente inspirado por este pasaje. Mirando hacia atrás, veo que el carácter santo del obispo representaba un nuevo paradigma para mí. Significaba una forma diferente de vivir, quizá incluso una forma diferente de ser. Estaba claro que no buscaba la riqueza material, la alabanza o el beneficio personal. Parecía estar haciendo justo lo contrario. Este momento de generosidad saltó de la página a mi mente. Era la idea de que la bondad y la compasión podían ser principios rectores en la vida y que vivir para servir y ayudar a los demás podía conducir a algún tipo de riqueza interior, a pesar de la pérdida de riqueza material.

El ejemplo del obispo me animó enormemente y, sin embargo, de repente, tras ese sentimiento, también me invadió una extraña sensación de desánimo. La historia me llevó a mi propio umbral personal, pero no veía la manera de proceder. Tenía ganas de hacer algo significativo con mi vida, pero no tenía claro qué paso debía dar. No sabía cómo podía parecerme más al obispo. Su ejemplo me parecía inalcanzable.

Unos años más tarde, otro libro me abrió aún más la mente. Tenía diecinueve años y acababa de empezar la universidad. Las cosas no iban bien. La ansiedad social de baja intensidad de mis años de instituto se estaba volviendo mucho más intensa y empezaba a afectar a mis relaciones, mis estudios y otras áreas de mi vida. Ahora bien, resultó que sentirme abrumado y estresado fue una de las mejores cosas que me han pasado, porque me impulsó a buscar formas de trabajar con mi mente y mis emociones cada vez más rebeldes.

El libro con el que tropecé fue *The Words of My Perfect Teacher* (*Las palabras de mi maestro perfecto*), una oscura y esotérica traducción de un libro del Tíbet del siglo XIX. La mayoría de las enseñanzas de este libro se me escapaban, pero recuerdo haber visto imágenes de grandes maestros tibetanos de meditación, figuras imponentes del budismo del siglo xx como Dudjom Rinpoche y Dilgo Khyentse Rinpoche. A medida que aprendía más, casi podía sentir su sabiduría y compasión irradiando de sus páginas. Había algo muy diferente en estas personas. Incluso a través del libro, percibí su suave sabiduría y su amable presencia.

También me impresionó la idea de seguir un camino espiritual. Estas personas eran individuos extraordinarios, como el obispo de *Los Miserables,* pero también estaba claro que habían aprendido a meditar y habían seguido una formación paso a paso. Su sabiduría y compasión procedían de un camino que cualquiera podía seguir, incluso yo. Este libro me abrió los ojos a la práctica de la meditación.

Decidí probar algo nuevo y crucé el umbral para seguir sus pasos. No tardé en empezar a meditar y me enganché. El viaje interior de autoexploración y autodescubrimiento se abrió ante mí como un camino oculto, y desde entonces lo sigo.

Dar un paso hacia lo desconocido puede despertar la sensación de potencial que Siddhartha debió de sentir cuando decidió abandonar su palacio. Cuando cruzamos un umbral y nos dirigimos hacia algo diferente, damos cabida a nuevas perspectivas y percepciones. Nos abrimos a algo nuevo.

La renuncia de Siddhartha le condujo a descubrimientos y percepciones que cambiaron el mundo. La primera idea que tuvo fue que perseguir la riqueza, el poder, el privilegio y el placer no conduce a la felicidad duradera ni al bienestar. Todas estas cosas son efímeras y frágiles. Espoleado por esta visión transformadora, siguió avanzando hacia nuevas posibilidades. Lo dejó todo y se convirtió en un asceta errante, sin nada más que la ropa que llevaba puesta. Su afán por comprender y superar el sufrimiento le empujó a cruzar el umbral y adentrarse en lo desconocido. Y lo que descubrió saltando a lo desconocido se convirtió en lo que hoy conocemos como budismo.

Una tradición de experiencia directa

«Tú eres el que debe esforzarse. Los budas solo señalan el camino».

El Buda

A diferencia de muchas de las tradiciones espirituales del mundo, el budismo no se basa en la creencia en lo divino, un dios o un panteón de dioses, sino en una profunda exploración de la experiencia humana. Esto plantea la cuestión de si el budismo es una religión o más bien una filosofía. Los académicos y estudiosos de las religiones discuten constantemente sobre estas categorías y etiquetas. En cierto modo, se trata solo de una cuestión semántica, pero hay algunos puntos clave que son importantes con relación a la experiencia y que eluden estos debates académicos.

El primero es que el budismo no es una tradición teísta. El Buda no era un dios. Era un ser humano, como el resto de nosotros, que tuvo un momento de despertar hace 2.500 años. Esto ocurrió después de que se apartara de su antigua vida y pasara siete años meditando en las tierras remotas de la antigua India antes de sentarse a meditar bajo el árbol de la bodhi. Aunque en la tradición budista se le venera como un ser despierto, no es un salvador. Simplemente, fue alguien que adquirió una profunda percepción de la condición humana y también una gran habilidad para guiar a otros a hacer lo mismo. En resumen, era un maestro. Como dijo el propio Buda: «No estoy aquí para liberarte del sufrimiento. Solo puedo mostrarte el camino».

El segundo punto clave se centra en si el budismo es una filosofía. Llamarlo así no capta del todo la esencia del budismo. Si bien es cierto que hay ideas y conceptos profundos en la tradición, las ideas y filosofías no son más que peldaños hacia la experiencia. El budismo no pretende ofrecer una gran explicación del universo, ni siquiera de la mente humana. Más bien, las ideas son ventanas a nuestra experiencia vivida. Pretenden ser puntos de partida de nuestro propio viaje interior. Cada idea es una especie de estímulo y un punto de partida, pero no debe convertirse en dogma. «Cuando nos aferramos a nuestros puntos de vista y creencias –afirma un dicho budista–, transformamos la medicina en veneno».

Si el budismo no es exactamente una religión y no es solo una filosofía, ¿qué es entonces? En mi opinión, el budismo es una práctica. Es un camino de aprendizaje que nos permite desarrollar una profunda percepción del funcionamiento de nuestra propia mente. Como práctica, el budismo nos pide que exploremos nuestra experiencia interior. La tradición tiene elementos que se encuentran en las religiones –desde las prácticas culturales hasta los rituales comunes–, y nos referiremos a muchos de ellos más adelante en el libro. Pero, al igual que sus ideas, estos tampoco son la esencia de la tradición. En el fondo, el budismo es un camino pragmático para comprender la condición humana. Su objetivo es permitirnos aliviar el sufrimiento y vivir una vida llena de conciencia, compasión y sabiduría. El camino budista es un proceso de despertar a nuestro pleno potencial como seres humanos.

Cuando recuerdo mis primeras experiencias con el budismo, algo que realmente me atrajo fue la invitación a ser escéptico. El budismo enseña que no debemos aceptar ciegamente los principios básicos de la tradición; por el contrario, debemos cuestionarlos y explorarlos activamente a la luz de nuestra propia experiencia directa. La tradición da la bienvenida a un sano escepticismo. Invita al tipo de cuestionamiento que vemos en Siddhartha en el momento en que sale por las puertas del palacio. Toda la tradición comenzó con la curiosidad humana natural de una persona que salió al mundo con la voluntad de buscar e interrogar lo que encontraba. Como practicantes de esa tradición, esa curiosidad no solo se fomenta, sino que es una parte central del camino. Se supone que debemos tomar las ideas y ponerlas a prueba por nosotros mismos.

Pero volvamos a la historia, a la persona que se hace preguntas y busca una salida al sufrimiento.

El camino intermedio: de la mejora personal al propio descubrimiento

> «Si tu mente está vacía, siempre está dispuesta a todo. Está abierta a todo. En la mente del principiante hay muchas posibilidades, pero en la mente del experto hay pocas».
>
> Shunryu Suzuki

La pregunta que obligó a Siddhartha a abandonar su cómoda vida era profundamente humana: «¿Podemos poner fin al sufrimiento?». Esta pregunta se apoderó de su mente, y él se comprometió a encontrar una salida al laberinto de la insatisfacción crónica.

Cuando Siddhartha abandonó el palacio, vivió con prácticamente nada. Como ya se ha señalado, en aquella época existía la tradición de que ciertos yoguis errantes abandonaran sus vidas para buscar estados superiores de consciencia o encontrar la forma de salir de las luchas de la existencia humana. Siddhartha siguió un camino similar. Pero aunque sus circunstancias externas cambiaron radicalmente, siguió atrapado en el mismo bucle de insatisfacción crónica. Siguió luchando por tener una experiencia nueva y mejor que la que estaba viviendo.

Siddhartha seguía operando con la misma creencia inconsciente: la felicidad y la satisfacción están «ahí fuera», en un conjunto diferente de experiencias, en una vida nueva y mejor. Este pensamiento era solo una versión más espiritual del mismo viejo paradigma con el que había crecido. Buscaba el subidón de la meditación, algún estado alterado de consciencia que le sacara del ciclo de la insatisfacción. Y ese apego hacía que siguiese atrapado en la rueda del hámster del placer y la decepción.

A lo largo de los años, Siddhartha conoció muchas formas de meditación y practica espiritual. Tuvo el privilegio de estudiar con algunos de los más grandes maestros de meditación de su tiempo. Era el alumno perfecto, dominaba todo lo que le enseñaban y alcanzaba niveles de consciencia que la mayoría de nosotros ni siquiera podemos imaginar. Pero estos estados alterados de la mente eran solo una solución temporal. Cada vez que salía de los estados meditativos que había alcanzado, volvía a su misma vida de siempre, atrapado en el bucle de la insatisfacción. El patrón no se había desmantelado. No había trascendido nada.

Cuando la meditación por sí sola no funcionó, empezó a llevar su cuerpo físico al límite. Se dice que solo comía un grano de arroz al día. Vivió en los desiertos y en las selvas, donde llegó a extremos aún mayores, llevándose a sí mismo al límite. Una vez más, descubrió que seguía viviendo según el mismo paradigma: esforzándose, buscando fuera de sí mismo respuestas y esa experiencia definitiva que le ayudaría a escapar del laberinto.

Aquí también podría parecer que la experiencia de Siddhartha tiene poco que enseñarnos. Su vida era radicalmente distinta de la nuestra. Pero si miramos con más intensidad, podemos ver que estaba encerrado en una forma de ver las cosas con la que la mayoría de nosotros estamos íntimamente familiarizados. Incluso cuando nos va bien en la vida, rara vez estamos satisfechos en el momento presente. Imaginamos que, si podemos llegar a esa nueva experiencia, todo irá bien por fin. Puede que la «nueva experiencia» que buscamos sea algo sencillo, como una buena comida o unos momentos de descanso tras un largo día. Tal vez sea algo más grande, como conseguir un trabajo mejor o una relación mejor, o arreglar de algún modo la larga lista de defectos de nuestro cuerpo, mente y emociones o del propio mundo. Tal vez nos sometamos a dietas de castigo, regímenes de entrenamiento extremos y ejerzamos mucha autodisciplina para parecer más en forma o más jóvenes. Los meditadores principiantes a menudo operan desde este mismo paradigma, solo que, en lugar de tratar de mejorar la salud, empezamos a buscar una consciencia mejor que finalmente nos dará la paz mental que anhelamos.

Siddhartha estaba atrapado en el mismo bucle, pero un día un simple recuerdo de su infancia le hizo cambiar la forma de ver las cosas. De pequeño, había asistido a un festival con su padre. Era un día precioso, lleno de alegría y risas, pero en lugar de dejarse llevar por la diversión y los juegos, se dejó caer para descansar junto a un tranquilo arroyo. Se sentó a la sombra de una pomarrosa, contempló los tranquilos remolinos de la corriente y escuchó los relajantes sonidos de la naturaleza. Allí sentado, experimentó una profunda paz interior. Una experiencia de alegría innata brotó en su interior.

Ahora, en su actual existencia de privaciones extremas, recordaba lo a gusto que se había sentido aquel día junto al río: la alegría de simplemente existir, sin necesidad de hacer nada más, experimentar nada especial o buscar algo distinto de lo que realmente estaba ocurriendo. En ese momento, se sintió de verdad a gusto en su propia piel y en el mundo.

Este recuerdo supuso para Siddhartha un cambio de paradigma que le condujo por un camino muy distinto. El recuerdo contrastaba fuertemente con la intensa lucha que había llenado su vida, tanto en el palacio como en su viaje espiritual como meditador hasta ese momento. Le abrió la mente. Se dio cuenta de que estaba perpetuando inconscientemente el mismo sufrimiento e insatisfacción, solo una versión más espiritual de la misma danza.

Con esta visión, aceptó la posibilidad de que lo que había estado buscando había estado con él todo el tiempo.

Se sabe que Siddhartha se aventuró entonces por una zona del norte de la India que hoy se conoce como Bodhgaya. Se sentó a meditar a la sombra de una majestuosa higuera. Bajo aquel árbol –el árbol de la bodhi– meditó, inmóvil. No había ningún refugio que le protegiera. Se sentó bajo el viento y la lluvia, de noche y de día, completamente expuesto a los elementos de la naturaleza, pero permaneció en serena contemplación.

Por primera vez, abandonó todas sus expectativas. Dejó de intentar mejorar el momento presente. Abandonó la vieja y familiar danza de la esperanza y el miedo y simplemente comenzó a observar su experiencia.

Ya no se esforzaba por alterar o arreglar su estado mental.

Tan solo se sentó, abierto, tranquilo y consciente.

Tras siete días y siete noches, terminó por fin su periodo de meditación con la profunda comprensión de que todo lo que había estado buscando estuvo siempre con él. Fue capaz de ver cualidades de su propio ser que habían estado ahí todo el tiempo, enterradas bajo el esfuerzo. Y supo que esta verdad, esta iluminación, era válida para todos. Todos llevamos exactamente lo que necesitamos para despertar, en cada momento.

Con eso, se levantó de su meditación y ya no era Siddhartha Gautama. Se había convertido en «el despierto», el Buda.

¿Cuál fue exactamente el cambio de perspectiva que hizo que el Buda tomara un camino nuevo e inesperado en su viaje? Cuando el Buda rememoró el momento de paz de su infancia, su forma de pensar pasó de la superación personal al autodescubrimiento. Esta actitud de autodescubrimiento es otro sello distintivo del budismo, y es el comienzo de lo que en la tradición budista se llama «el camino intermedio».

El camino intermedio es un proceso interior de exploración arraigado en una confianza fundamental en quiénes y qué somos como seres humanos. Su sello distintivo es la voluntad de abrirnos a la plenitud de nuestra experiencia en el momento presente. Poco a poco abandonamos nuestro viejo hábito de buscar la felicidad en el mundo que nos rodea y, en su lugar, miramos hacia nuestro interior. El camino intermedio no consiste en conseguir que las circunstancias de la vida sean las correctas. Se trata de aprender a vernos a nosotros mismos con claridad, en parte soltando todas las creencias limitadoras que mantenemos sobre nosotros mismos para poder vivir con un corazón lleno de sabiduría y compasión.

Si nos fijamos en el origen de la palabra *meditar* en la tradición tibetana, significa «llegar a conocer algo». Así pues, la palabra no apunta a ningún tipo de experiencia cumbre o estado alterado de consciencia. La meditación, tal como la experimentó el Buda bajo el árbol de la bodhi, nos invita a mirarnos íntima y profundamente. No nos fijamos en unas experiencias y apartamos otras.

El Buda comprendió que hay algo que ya está aquí y que quizá sea aún más fundamental para lo que somos que nuestros pensamientos y recuerdos, emociones y viejos hábitos, y que todos nuestros roles y responsabilidades. Nos aferramos con tanta fuerza a todas estas capas de nuestra identidad personal que nos volvemos ciegos a lo que realmente somos. Perdemos el contacto con nuestra conciencia, compasión y sabiduría innatas –nuestra verdadera naturaleza– debido a todos los condicionamientos culturales de nuestras vidas. Esta verdadera naturaleza está con nosotros todo el tiempo, pero la mayoría de nosotros nunca hemos aprendido a verla, y mucho menos a reconocer su importancia.

El budismo consiste en este sencillo acto de volvernos hacia nuestra experiencia. Es el camino en el que se adentró el propio Buda y que acabó enseñando a muchos otros. Es el camino de mirar hacia dentro para descubrir lo mejor de nosotros mismos, no como una creencia, no como una idea, sino como una experiencia viva directa que podemos saborear por nosotros mismos.

Parece muy sencillo, pero el camino implica mucha experimentación. Mi propio camino con la meditación budista y la búsqueda interior ha sido ciertamente un camino de ensayo y error. El camino intermedio es sencillo pero no fácil. Va tan en contra de la forma en que la mayoría de nosotros vivimos nuestras vidas que el Buda estuvo a punto de no enseñarlo por temor a que nadie fuera capaz de asimilarlo.

Práctica: de hacer a simplemente ser

En el budismo tienes la oportunidad de simplemente estar presente con lo que estés experimentando en ese momento. Puedes hacer una pausa para tomar conciencia mientras estás en tu escritorio, mientras preparas la comida o mientras estás en un atasco. A menudo medito mientras camino por los senderos cercanos a mi casa o mientras me ocupo de tareas sencillas como lavar los platos o hacer la colada. Puedes meditar en cualquier lugar, sin importar lo que estés haciendo o con quién estés. Intentémoslo ahora mismo, mientras lees este libro.

- Normalmente, nos centramos en nuestra postura cuando empezamos a meditar, pero, por ahora, simplemente sé como eres, sosteniendo este libro en tus manos.
- Hazte consciente del cuerpo.
- Observa lo que sientes en las piernas.

- Nota la sensación de tus pies tocando el suelo o la sensación de la silla debajo de ti.
- Haz una pausa de aproximadamente un minuto y simplemente percibe todas las sensaciones de las piernas y los pies.
- Puede que percibas sensaciones agradables o algo desagradable, como dolor o incomodidad. Puede que no sientas nada en absoluto. Cualquier cosa que observes estará perfectamente bien. Lo importante es notarlo. Intenta estar completamente abierto a lo que te depare este momento.
- Ahora nota las sensaciones en tus brazos.
- En las manos.
- Siente cómo tus manos tocan el libro.
- A continuación, centra tu atención en la respiración. Siente el movimiento sutil al inspirar y espirar. Descansa unos instantes mientras respiras.
- Ahora simplemente mantente presente y consciente pero sin centrarte en nada en particular.
- Permítete simplemente ser, existir, en este momento, sin necesidad de hacer, cambiar o mejorar nada de lo que ocurre en tu interior o a tu alrededor. Simplemente sé.

Esta sencilla práctica de conciencia puede integrarse incluso en los días más ajetreados.

Desarrollar una rica vida interior

> «Hay dos tipos de felicidad: el placer temporal derivado principalmente de la comodidad material, y otra comodidad más duradera que resulta de la transformación y el desarrollo completos de la mente».
>
> Su Santidad el Daláí Lama

El Buda podría haber elegido un camino muy diferente. Podría haberse convertido en un erudito, un sanador, un activista social o incluso un gobernante. Hay muchos caminos válidos para trabajar con las cuestiones y complejidades del sufrimiento. Pero, en última instancia, eligió el camino de un contemplativo, de alguien que mira en su interior.

En la tradición tibetana, la palabra para alguien que sigue las enseñanzas budistas es *nang-pa*, que literalmente significa «iniciado». No se refiere a alguien que pertenezca al círculo social adecuado. Transmite el sentido de alguien que encuentra el despertar en su interior. Alguien que busca en su corazón y en su mente un sentido y una plenitud. Cuando pensamos en la liberación, la iluminación, el despertar –cualquiera que sea la palabra elegante que queramos utilizar–, miramos en nuestro interior. En otras tradiciones espirituales, la orientación es hacia lo divino, hacia un dios o dioses, o incluso, en las tradiciones panteístas o chamánicas, hacia la naturaleza. Convertirse en un iniciado invita a la indagación. Y exige curiosidad, ya que empezamos a observar de verdad nuestras emociones, pensamientos, opiniones, prejuicios y hábitos, y mucho más, para descubrir quiénes somos realmente.

Cuando el Buda exploró su propia experiencia, ¿qué descubrió? ¿Quiénes somos en el fondo? ¿Qué encontramos cuando miramos en nuestro interior?

- Descubrió que no somos nuestros pensamientos y recuerdos ni nuestros fluctuantes estados emocionales.
- No somos nuestros hábitos.
- No somos nuestra cultura, nuestra educación familiar ni los muchos papeles que desempeñamos en la vida.
- No somos nuestra ropa, nuestro estilo, nuestras posesiones ni nuestros talentos.
- No somos nuestra edad, estado civil o salud.
- Ni siquiera somos nuestra biología.

¿Por qué? Porque todo eso puede cambiar. Todo eso se basa en causas y condiciones, y cuando estas causas y condiciones cambian, ellos también cambian.

Equiparamos nuestro sentido del yo con cada uno de estos factores en distintos momentos, pero estos evolucionan constantemente. Incluso nuestros hábitos emocionales más arraigados son inestables. Nuestros recuerdos más antiguos van y vienen como el tiempo. Forman parte de lo que somos, pero no son fundamentales para determinar quiénes somos.

A diferencia de todas estas experiencias efímeras, hay tres cualidades esenciales que nos acompañan en todo momento. El Buda descubrió estas cualidades fundamentales por sí mismo, y esto es lo que enseñó también a experimentar a los demás. En términos muy sencillos, estas tres cualidades innatas y siempre presentes son conciencia, compasión y sabiduría. Siempre están aquí para que las encontremos, independientemente de las circunstancias cambiantes de nuestra vida. Estas cualidades son nuestra verdadera naturaleza y todos nacemos con ellas. La meditación es el proceso de aprender a orientarse hacia ellas y sintonizar con ellas. A medida que aprendemos a soltar todas nuestras creencias limitadas sobre quiénes somos y qué somos, empezamos a experimentar directamente una forma de ser más tranquila y alegre, arraigada en la conciencia, la compasión y la sabiduría.

Al oír esto, puede que sepamos qué buscar, pero, aun así, la mayoría de nosotros no podemos dejar atrás todas nuestras responsabilidades para centrarnos en nuestro viaje espiritual. Sin embargo, hay muchas formas de vivir la tradición budista en el mundo actual.

El erudito, el yogui y el cabeza de familia

> «El Buda dijo hace mucho tiempo que, cuando alguien en el futuro se encontrara con sus enseñanzas, sería lo mismo que encontrarse con él en persona. Por lo tanto, hoy podemos "encontrarnos con el Buda" en forma de maestros, enseñanzas o nuestra propia práctica. Decir que queremos conocer al Buda es como decir que queremos conocer el estado despierto de nuestra propia mente».
>
> DZOGCHEN PONLOP RINPOCHE

Cuando empecé a meditar, leía ávidamente todo lo que caía en mis manos. Esto alimentó mi entusiasmo y mi deseo de practicar. Me encantaba leer sobre los grandes maestros de meditación, como Milarepa y Longchenpa, del budismo tibetano, Ajahn Mun, de la tradición del bosque tailandesa, y las grandes maestras, como la legendaria yoguini tibetana Machik Lapdron y la maestra india del siglo XX de *vipassana* (meditación de introspección) Dipa Ma. No me cansaba.

Pero también había algo desalentador en la lectura sobre todas estas figuras imponentes: sus ejemplos me parecían inalcanzables. Yo nunca viviría en cuevas del Himalaya como Milarepa ni en selvas infestadas de tigres como Ajahn Mun. No sería un erudito de renombre que pasaría la vida en profundo estudio y contemplación, ni un asceta como el propio Buda en sus primeros días. Solo Dipa Ma tenía una trayectoria vital que parecía cercana. Parecía vivir en el mundo real como yo, y, aunque poseía una determinación y un compromiso sobrehumanos, su ejemplo no era poco realista.

Aprender sobre todos estos grandes maestros me abrió los ojos al hecho de que hay muchos caminos diferentes para subir la montaña. Si uno repasa la historia de la tradición budista, encontrará tres modelos principales para seguir el camino budista del autodescubrimiento.

El primer modelo es el del erudito. Desde los tiempos del Buda, ha habido personas que han seguido un camino de aprendizaje y estudio. Organizaron y sistematizaron las enseñanzas del Buda. Estudiaron sus palabras en profundidad y desentrañaron todo su significado. El enfoque erudito se centra mucho en lo que se conoce como «el punto de vista». Un erudito profundiza mucho en la parte filosófica de la tradición. En el Tíbet, hay cursos de estudio que duran décadas, en los que uno se sumerge de forma increíblemente intensiva en la parte filosófica de la tradición budista.

Puede parecer un enfoque árido e intelectual, pero si conoces a uno de estos grandes eruditos, te darás cuenta enseguida de que esta búsqueda permanente de perspicacia y comprensión es profundamente transformadora. He tenido la suerte de conocer a grandes eruditos vivos de la tradición budista, y son algunos de los seres humanos más cálidos y encantadores que he conocido. Todo su estudio y erudición conduce a una profunda transformación interior, que puedes sentir a través de su presencia, sabiduría y compasión.

El segundo enfoque es el camino del yogui. Un gran ejemplo del yogui en la tradición tibetana es Milarepa, un avezado meditador que vivió hace unos mil años. Pasó la mayor parte de su vida residiendo en cuevas en lo profundo de las montañas, practicando meditación intensiva.

Mi maestro, Mingyur Rinpoche, es un gran ejemplo moderno de yogui. Es cierto que ha estudiado mucho, pero se ha centrado principalmente en años y años de práctica de meditación intensa, a menudo viviendo en las montañas, como hizo Milarepa. A diferencia del camino del erudito, que consiste en esencia en el estudio filosófico y un poco de meditación, el camino del yogui es todo lo contrario. Este método se caracteriza por una dedicación diáfana a la práctica intensiva de la meditación.

El tercer enfoque es el del cabeza de familia. Para el cabeza de familia, no hay estudio filosófico ni meditación profunda. El cabeza de familia se centra en acumular méritos. Reunir méritos implica realizar actos virtuosos de servicio que estén en consonancia con los principios budistas. En las culturas budistas tradicionales, esto puede implicar hacer ofrendas por la mañana temprano a un santuario, un templo o monasterio local. También puede consistir en ofrecer comida o dinero para ayudar a monjes y monjas budistas.

En cualquier caso, la idea es participar en actividades positivas y sanas para crear un «buen karma» que conduzca a la felicidad y a buenas circunstancias en la vida presente y en las futuras.

Estos tres modelos –el erudito, el yogui y el cabeza de familia– nos han sido transmitidos por la tradición budista. La mayoría de los libros que leemos y las enseñanzas que recibimos en el camino budista encarnan uno o más de estos modelos, normalmente las tradiciones del erudito o del yogui. El problema es que para la mayoría de nosotros, en el mundo moderno, ninguno de estos modelos encaja realmente. La mayoría tenemos trabajo y familia, y muchas cosas en marcha en nuestras vidas. Probablemente no seremos meditadores a tiempo completo como Milarepa ni nos pasaremos el día rodeados de una pila de libros de filosofía budista. Y aunque el camino del cabeza de familia sea posible para nosotros, la idea de «acumular méritos» puede parecer anticuada o culturalmente extraña para muchos practicantes contemporáneos. A la mayoría de nosotros nos interesa algo más que reunir méritos y apoyar a otros en su camino. Queremos meditar y aprender sobre el camino del despertar por nosotros mismos.

A mí siempre me ha inspirado el modelo del yogui, pero llegó un momento en que me di cuenta de que la inspiración de mis primeros años se había convertido en un neurótico «complejo de Milarepa». Si no hacía una práctica seria en retiro (es decir, el 99% de mi vida), me sentía como un meditador fracasado. Me exigía a mí mismo un nivel que poca gente es capaz de alcanzar. Hoy en día, necesitamos un nuevo modelo que combine la visión, la meditación y la aplicación, teniendo en cuenta que la mayoría de nosotros estamos muy ocupados con nuestro trabajo y nuestras responsabilidades familiares.

El cuarto modelo

> «Practica compartir la plenitud de tu ser, tu mejor yo, tu entusiasmo, tu vitalidad, tu espíritu, tu confianza, tu apertura y, sobre todo, tu presencia. Compártelo contigo mismo, con tu familia, con el mundo».
>
> Jon Kabat-Zinn

Si nos adentramos en la tradición budista comprobaremos que ya existe un cuarto modelo: el yogui cabeza de familia. Este modelo combina elementos de los tres primeros arquetipos. Un yogui cabeza de familia no solo acumula méritos y apoya a la comunidad monástica budista, también estudia y medita, y asimismo lleva una vida normal, con su familia y su trabajo. En el Tíbet, por ejemplo, existen comunidades de practicantes *ngakpas*, practicantes laicos cabeza de familia que se dedican por completo a su práctica. Algunos de los grandes maestros del budismo tibetano proceden de esta tradición.

El modelo del yogui cabeza de familia nunca ha pertenecido históricamente a la corriente principal del budismo, pero encaja perfectamente con los que vivimos en el mundo moderno. En el budismo moderno, puede convertirse en el modelo dominante. Hay muchos caminos para aplicar nuestra práctica en el mundo de hoy, mucho más allá de los pocos minutos que pasamos meditando cada día. Podemos practicar la generosidad ayudando a los demás en nuestra comunidad. Podemos aplicar nuestra práctica de la meditación trabajando para revertir el cambio climático o apoyando a quienes sufren dificultades económicas y sistémicas. Podemos abordar los problemas que afectan a nuestros barrios y comunidades. Y podemos hacer todo esto manteniendo una práctica de meditación regular, con tiempo para el estudio espiritual y pasando periodos de retiro cuando podamos.

Al trasladar estas enseñanzas budistas a nuestras vidas modernas, estamos creando una nueva tradición del yogui cabeza de familia en el mundo moderno. Y no es menos transformadora de lo que fue para quienes siguieron los enfoques más tradicionales del budismo en siglos pasados.

2. El regreso a casa

> «La esencia de la práctica budista no es tanto un esfuerzo por cambiar tus pensamientos o tu comportamiento para convertirte en una persona mejor, sino darte cuenta de que, independientemente de lo que pienses sobre las circunstancias que definen tu vida, ya eres bueno, íntegro y completo. Se trata de reconocer el potencial inherente de tu mente».
>
> YONGEY MINGYUR RINPOCHE

Tras su despertar bajo el árbol de la bodhi, Siddhartha, ahora ya el Buda, comprendió que todos los seres –desde los pájaros y los insectos que le rodeaban hasta todos los seres humanos de la tierra– estaban unidos en su experiencia del sufrimiento. Y sabía que no era posible escapar del ciclo del sufrimiento a través de los extremos del placer o la privación, sino más bien a través de la comprensión de la naturaleza de la mente humana.

Después de permanecer siete semanas en los alrededores del árbol de la bodhi, el Buda viajó al Parque de los Ciervos, cerca de la actual Varanasi. Allí impartió su primera enseñanza a un grupo de cinco renunciantes, los mismos compañeros con los que había meditado durante su fase ascética. Quedaron tan impresionados con su presencia que lo llamaron el Buda, el Despierto, un término impregnado de raro honor y respeto.

Pero el budismo aún no era una tradición formal; eso llegaría con el tiempo. Las primeras enseñanzas del Buda se impartieron a meditadores dedicados y buscadores espirituales, y no a la población en general. Para utilizar la frase tradicional, estas enseñanzas iniciales fueron la primera vez que «giró la rueda del Dharma», el comienzo de su labor de transmisión de las percepciones que obtuvo meditando bajo el árbol de la bodhi. Estas enseñanzas estaban dirigidas a todos. Sus conocimientos eran universales. El Buda era un hombre corriente y sabía que, si él podía despertar, entonces *todos* podrían hacerlo.

En el Parque de los Ciervos, el Buda ofreció una enseñanza sobre las Cuatro Nobles Verdades. Esta enseñanza inicial nació directamente de su experiencia vivida del sufrimiento, el bucle de la insatisfacción crónica. En el budismo, el ciclo del sufrimiento se conoce como *samsara*. Estar atrapado en el *samsara* significa que continuamos con nuestros viejos y familiares patrones esperando resultados diferentes. Aunque podemos ver de primera mano que las cosas nunca parecen funcionar como esperamos, nos sentimos impotentes para cambiar.

Para muchos de nosotros, el bucle de insatisfacción comienza a primera hora de la mañana. Desde el momento en que nos despertamos, reaccionamos ante el mundo de dos maneras: a través del apego o de la aversión. Nos sentimos atraídos por las personas, las cosas y las experiencias que nos hacen sentir bien. Evitamos a las personas, cosas y experiencias que no nos hacen sentir bien. Y nos mantenemos en ese vaivén a cada momento, cada día. Puede que consigamos distraernos, que nos perdamos temporalmente en un millón de pasatiempos y búsquedas diferentes, pero la paz mental que nos aportan es efímera, si es que llega.

El bucle del *samsara* se alimenta de esta danza de apego y aversión. Siempre estamos intentando atraer una experiencia o alejar otra. El mundo que nos rodea lo refuerza con un bombardeo continuo de mensajes. Si te esfuerzas un poco más, llegarán el trabajo perfecto, el cuerpo perfecto, la relación perfecta y la casa perfecta con todas las pertenencias perfectas..., y entonces, por fin, podrás sentirte verdaderamente en casa en el mundo.

Como vimos en el último capítulo, el Buda dijo que la raíz misma del problema, la razón por la que nos quedamos atascados en el *samsara*, reside en el hecho de que no estamos en contacto con nuestra verdadera naturaleza. No reconocemos quiénes somos en realidad y, por tanto, pasamos completamente por alto que la conciencia, la compasión y la sabiduría están con nosotros todo el tiempo. Esta ceguera ante nuestra verdadera naturaleza nos lleva a pensar que la felicidad y la plenitud solo provienen de las circunstancias de la vida, por lo que nos obsesionamos con nuestro nivel de éxito, la calidad de nuestras relaciones, nuestra salud, nuestra reputación u otros innumerables factores.

Esta visión básica de que nuestra felicidad y realización dependen de factores que están fundamentalmente fuera de nuestro control pone en marcha una actitud de búsqueda continua. Crea un estado mental inquieto que siempre busca mejorar el momento presente. Esta búsqueda adictiva nos mantiene atrapados en el ciclo del *samsara*.

Paradójicamente, el deseo en sí no es necesariamente un problema. Todos los intereses contienen un elemento de deseo. No habrías cogido este libro o intentado meditar si no estuvieras buscando algo. La diferencia radica en lo que impulsa el deseo. A veces, nuestros impulsos se basan en sentimientos de carencia. Otras veces se basan más en la curiosidad y el autodescubrimiento.

La forma en que nos vemos a nosotros mismos afecta a lo que nos atrae. ¿Mantenemos una visión crítica de nosotros mismos? ¿Nuestros pensamientos refuerzan la idea de que no nos gusta algo de nosotros mismos, de otra persona o del mundo? Este tipo de autopercepción crea cavilaciones tóxicas y socava nuestra capacidad de prosperar. Pero hay otras formas de autorreflexión, basadas más en la curiosidad y la apertura, que favorecen el bienestar.

Un deseo alimentado por una sana búsqueda personal puede sacarnos del *samsara*. La actitud que debe guiarnos es la curiosidad, no una crítica severa. Por otro lado, si nuestros deseos están arraigados en una percepción demasiado negativa de nosotros mismos, es posible que sigamos atrapados en el bucle adictivo del sufrimiento. Puede que aparentemente arreglemos un punto de nuestra interminable lista de defectos percibidos, pero, al mismo tiempo, también estemos creando un punto ciego. Nos obsesionamos aún más con nuestros defectos y nos volvemos más ciegos a nuestras cualidades positivas, sobre todo a las cualidades más sutiles de nuestra verdadera naturaleza, como la conciencia y la compasión.

Bajo el árbol de la bodhi, el Buda vio con claridad por primera vez la interminable lucha por satisfacer los deseos y evitar el sufrimiento, incluso la versión espiritual muy pulida de esta lucha que se desarrollaba en su viaje. Y lo que es más importante, vio que toda esta búsqueda interminable tenía su origen en un error de percepción básico, un punto ciego profundamente arraigado, y que es posible invertir este ciclo de sufrimiento e insatisfacción crónica explorando la mente a través de la meditación. Estas ideas se convirtieron en la base de su primera enseñanza: las Cuatro Nobles Verdades.

Las Cuatro Nobles Verdades

> «Cuando hablamos del Dhamma, aunque digamos muchas cosas, normalmente se pueden reducir a cuatro. Son simplemente conocer el sufrimiento, conocer la causa del sufrimiento, conocer el final del sufrimiento y conocer el camino de la práctica que conduce al final del sufrimiento. Esto es todo lo que hay. Todo lo que hemos experimentado hasta ahora en el camino de la práctica se reduce a estas cuatro cosas. Cuando las conocemos, se acaban nuestros problemas».
>
> AJAHN CHAH

La enseñanza conocida como las Cuatro Nobles Verdades no solo es la más básica, sino también la más importante de toda la tradición, pues esboza la arquitectura fundacional de todo el edificio del budismo. Describe verdades básicas sobre la condición humana.

- La Primera Noble Verdad es simplemente que la vida implica sufrimiento.
- La Segunda Noble Verdad es que hay circunstancias en nuestra propia mente que crean este bucle de sufrimiento e insatisfacción crónica.
- La Tercera Noble Verdad es que, si podemos desprendernos de los factores internos que causan nuestro sufrimiento, este llegará a su fin. En otras palabras, podemos trascender nuestro sufrimiento y salir del *samsara*.

- Y, por último, la Cuarta Noble Verdad traza un camino que nos conduce fuera del laberinto del sufrimiento. Hay pasos prácticos que podemos dar y que nos ayudarán a superar las causas y condiciones que crean y perpetúan nuestra insatisfacción.

Con todo este discurso sobre el sufrimiento, a veces se critica al budismo por ser excesivamente negativo. Es fácil tener esta impresión, ya que la primera enseñanza del Buda fue una inmersión profunda en el tema de la insatisfacción crónica. Ahora bien, esta apreciación no reconoce que el análisis de nuestro sufrimiento es solo el principio. No se trata de obsesionarse con el sufrimiento, sino de comprobar que ser honestos con nosotros mismos acerca del sufrimiento nos abre a la posibilidad del despertar: la idea de que es posible una forma radicalmente distinta de estar en el mundo.

Despertar, o *iluminación*, es una de las palabras más comunes en la tradición budista, pero también una de las más confusas. Desde un punto de vista técnico, se podría decir que el despertar pleno es lo que ocurre cuando hemos purificado por completo nuestra mente de todos los factores que nos impiden realizar nuestra verdadera naturaleza, y todas las cualidades de nuestra naturaleza despierta se han manifestado con total plenitud. En términos más ordinarios, el despertar se refiere a estar plenamente en contacto con nuestra naturaleza innata de conciencia, compasión y sabiduría, y que nunca perdemos el contacto con ella.

En este sentido, las Cuatro Nobles Verdades ofrecen una perspectiva tremendamente edificante y positiva. Proporcionan una hoja de ruta para sacar lo mejor de nosotros mismos como seres humanos. Podemos vivir por entero con conciencia, compasión y sabiduría, en lugar de ahogarnos en el ansia, la adicción y las necesidades insatisfechas. Es una visión increíblemente esperanzadora.

En cierto modo, las Cuatro Nobles Verdades no son tan diferentes del programa de los doce pasos, el famoso enfoque para las personas que luchan contra el alcoholismo u otras formas de adicción. El camino hacia la recuperación, según este enfoque, empieza por admitir que se tiene un problema, que se es adicto. No se puede avanzar sin este primer reconocimiento. En la tradición budista, en lugar de reconocer una adicción a una sustancia, empezamos por reconocer que estamos atrapados en el *samsara*.

Utilizando una analogía clásica, podríamos considerar nuestro sufrimiento como una enfermedad física grave. Para que haya alguna esperanza de recuperación, tienes que reconocer que estás enfermo. Si no reconoces que tienes una enfermedad, olvídate de la cura. Tan solo seguirás con tu vida, padeciendo la enfermedad, permaneciendo enfermo, sin poder contar con ninguna otra posibilidad.

Siguiendo con esta analogía, en la Primera Noble Verdad, reconocemos la enfermedad y todos los síntomas que aparecen. En la Segunda Noble Verdad, vamos más allá de los síntomas para llegar a las causas profundas de la enfermedad. A continuación, con la Tercera Noble Verdad, reconocemos que es posible curarse y vivir una vida sin la enfermedad. Por último, está el tratamiento en sí, el proceso de curarse. Esta es la Cuarta Noble Verdad: tomamos la medicina y seguimos el camino que nos conduce fuera de la enfermedad. Participamos en el curso del tratamiento. El reconocimiento de que estamos enfermos no nos llevará a ninguna parte a menos que estemos dispuestos a seguir el camino de la curación. No basta con tener una comprensión cristalina de la causa de la enfermedad y una confianza suprema en la curación; hay que hacer algo. Ese algo es la Cuarta Noble Verdad: el propio camino del despertar.

En esta analogía, el Buda es el médico. Nos ayuda a comprender el problema, su causa, y nos señala la posibilidad de una cura. A continuación, establece el régimen de tratamiento que podemos seguir para experimentar la cura por nosotros mismos. Como puedes ver, el papel del Buda está muy claro en este proceso. Como mencioné en el capítulo anterior, su papel en el camino distingue al budismo de otras tradiciones espirituales. No es el Buda quien nos cura. El Buda es simplemente el catalizador para que nos curemos a nosotros mismos. Somos nosotros los que tenemos que reconocer nuestro propio sufrimiento, tomar la medicina y seguir el proceso.

Un ejemplo maravilloso de este proceso es la historia de uno de mis maestros budistas más importantes, Yongey Mingyur Rinpoche. Como detalla en el prólogo de este libro, fue criado por toda una familia de grandes meditadores. Su padre era un venerado maestro de meditación con alumnos de todo el mundo. Su madre también era una meditadora consumada, al igual que sus abuelos e incluso sus hermanos mayores. Creció rodeado de monasterios budistas y de la imponente majestuosidad del Himalaya, y se sintió atraído por la meditación desde muy joven.

Así pues, las circunstancias externas de su vida no podían ser más propicias para una vida de despertar espiritual. Pero eso era todo apariencia externa. Por dentro, apenas podía estar cerca de extraños sin verse sobrepasado por una avalancha de miedo y ansiedad.

A pesar de tener en su padre al mejor maestro de meditación que se podía esperar, el joven Mingyur Rinpoche cometió el mismo error de novato que casi todo el mundo comete cuando aprende a meditar por primera vez. Su padre le enseñó sobre la naturaleza búdica, diciéndole una y otra vez que su verdadera naturaleza era fundamentalmente pura, íntegra y buena, pero Mingyur Rinpoche no lo creía. De hecho, creía todo lo contrario. Se consideraba profundamente defectuoso, como si su mente tuviera algún defecto fundamental.

Su esperanza más profunda era que la meditación lo ayudara por fin a deshacerse de sus dolorosas emociones. La meditación era como una espada nueva y reluciente que pretendía llevar al campo de batalla. Esta era la mentalidad en la que se apoyaba cuando se sentó a meditar por primera vez. Creía con firmeza que no podría ser feliz, y mucho menos iluminado, mientras su mente estuviera llena de miedo, ansiedad y pánico.

Meditó durante años e incluso se inscribió en un riguroso retiro de meditación de tres años cuando era adolescente, pero el pánico le seguía a todas partes. Continuaba evitando el tratamiento completo. Es cierto que había estado meditando, pero en realidad no seguía las instrucciones que le daban sus maestros. Había cambiado su comportamiento pero no su mentalidad. Se resistía a que lo animaran a abrirse a sus emociones dolorosas y a explorarlas. No se creía la idea de que en el fondo, en su núcleo, estaba fundamentalmente bien, y que el dolor y el sufrimiento estaban solo en la superficie.

El punto de inflexión llegó cuando por fin decidió tomar la medicación. Tras el primer año de su retiro de tres, se dio cuenta de que, si algo no cambiaba, perdería por completo el control sobre su propia mente. En un momento de desesperación, se rindió. Soltó el profundo miedo y la animosidad que albergaba hacia su pánico y, en ese momento de soltar, vislumbró por primera vez la posibilidad de una verdadera transformación. Es lo que sus maestros le habían estado diciendo todo el tiempo, y que simplemente no había aceptado.

Lo que hizo fue muy sencillo. Esto no quiere decir que fuera fácil, solo simple. En vez de huir de las partes de sí mismo que despreciaba, en vez de tratar la meditación como un arma para usar contra sus propios demonios interiores, se volvió hacia esas partes sombrías de su propia psique y empezó a explorarlas. Las trató con cuidado y compasión, abriéndose a cómo se sentían realmente, y aprendió a dar un paso atrás y observar sus propios pensamientos y emociones con curiosidad, en lugar de juzgarse a sí mismo.

En pocos días, su pánico se transformó. Desapareció y nunca volvió a aparecer. Pero lo irónico es que, cuando desapareció, había aprendido a apreciar a su viejo enemigo. Se había convertido en su mejor maestro. Fue su sufrimiento lo que, al final, le ayudó a aprender a ver la naturaleza pura y sana de cada pensamiento, sentimiento y percepción, por difíciles o dolorosos que fueran.

Las Cuatro Nobles Verdades nos son aplicables a todos, pues todos seguiremos sufriendo mientras no nos tomemos el tiempo necesario para conocer nuestra propia mente y explorar la condición humana desde dentro. El ciclo de insatisfacción no se detiene por sí mismo. Solo lo hace cuando nos desprendemos de las viejas y anticuadas creencias que tenemos sobre nosotros y entramos en el camino del despertar.

Las Cuatro Nobles Verdades del Buda pretenden iluminar el

camino. Aunque las afirmaciones que subyacen a cada una de las Cuatro Nobles Verdades son bastante sencillas, cada una de ellas encierra muchos niveles de enseñanza. Veámoslas con más detalle.

La Primera Noble Verdad

> «No deseches tu sufrimiento. Toca tu sufrimiento. Afróntalo directamente y tu alegría será más profunda».
>
> Thich Nhat Hanh

Mi padre falleció inesperadamente un año antes de que escribiera este libro. Tenía casi ochenta años y diversos problemas de salud, pero, aun así, su muerte fue una gran conmoción para mí. Tardé meses en asimilar la realidad de su ausencia en mi vida. Hubo muchos pequeños momentos en los que cogía el teléfono para saludarle o enviarle una foto de mi hijo CJ para que se sintiera orgulloso de ser abuelo. Lo que me sorprendió es que, en medio de toda la tristeza y la profunda sensación de pérdida que sigo sintiendo cada día, también siento gratitud. Todas nuestras disputas y desacuerdos se han desvanecido en mi memoria, y cada vez siento más aprecio por su cariño y apoyo, por su personalidad más grande que la vida, y por todas las muchas lecciones y conocimientos que me enseñó a lo largo de los años. Ha pasado un año y medio desde su fallecimiento, y todavía llevo en el corazón el peso de la pérdida junto con toda la gratitud y el amor.

Por mucho que nos preparemos para los grandes retos de la

vida, cuando llegan, pueden desequilibrarnos por completo. La mayoría de nosotros experimentaremos problemas de salud, rupturas, cambios de trabajo y pérdida de personas queridas en algún momento de nuestras vidas. Puede que a nivel intelectual sepamos que los grandes retos forman parte de la vida, pero a nivel emocional rara vez estamos preparados. Casi siempre nos sorprenden.

El Buda comprendió que el dolor, la pérdida, la enfermedad y los cambios inesperados forman parte de la condición humana. Su Primera Noble Verdad es la Verdad del Sufrimiento. En sánscrito, la palabra que suele traducirse como «sufrimiento» es *dukkha*. Aunque «sufrimiento» es probablemente mejor que cualquier otra palabra en español, no capta del todo la riqueza del término original. Para captar todo el significado, utilicemos una imagen clásica: una rueda de carreta defectuosa. Imagina que vas en una carreta y el eje de una de las ruedas está un poco descentrado. A medida que avanzas, todo te parecerá un poco fuera de lugar. Tu viaje nunca será suave. *Dukkha* es exactamente así. Se refiere a la sensación constante y persistente de que algo no va bien. *Dukkha* no siempre significa sufrimiento intenso e infelicidad profunda. Sentimos *dukkha* incluso cuando las cosas van bien. Incluso cuando nos describimos a nosotros mismos como felices, a menudo existe una sutil sensación de que las cosas podrían ir mejor o un temor a que nuestra felicidad llegue a su fin.

Dukkha apunta a la fragilidad de la vida, a saber que las cosas pueden pasar de no ir tan mal a ir realmente mal en cualquier momento. Puede ocurrir cualquier cosa con nuestras relaciones, nuestro trabajo o nuestra salud física. En un momento dado, cualquiera de estas cosas puede descontrolarse.

Todo en la vida está sujeto a cambios: nuestras relaciones

cambian; nuestras circunstancias cambian; nuestra salud cambia, incluso la sociedad y las culturas cambian. La vida *es* cambio.

Y, sin embargo, el cambio en sí no es el problema. El verdadero problema es que a menudo nos apegamos a cómo son las cosas, o a cómo queremos que sean, y luego nos venimos abajo cuando las cosas cambian. Como humanos, vinculamos nuestro bienestar mental y emocional a situaciones y relaciones que son tan inestables como el tiempo. En un momento dado, algo es la fuente de toda nuestra felicidad y, de repente, se convierte en una fuente de angustia insoportable.

Este hecho innegable de la vida me abofeteó en la cara cuando murió mi padre. Mi mujer Kasumi, mi hijo CJ y yo solíamos viajar desde Madison, Wisconsin, para pasar las vacaciones de invierno con mis padres en Minneapolis, donde crecí. Estas vacaciones estuvimos a punto de no viajar, pero decidimos hacerlo en el último momento. Aparte de algunas pequeñas disputas familiares, fueron unas vacaciones muy agradables y tranquilas. Mi padre incluso preguntó si CJ podía quedarse unos días más antes de volver a Madison para empezar el siguiente semestre del instituto.

Un mes después de nuestra visita en vacaciones, mi padre se fue a dormir y nunca despertó.

La Primera Noble Verdad señala que el sufrimiento es un hecho de la vida. El Buda sabía que todas las cosas, por su propia naturaleza, son efímeras e impermanentes. Experimentaremos pérdidas, enfermedades y millones de momentos de estrés y ansiedad. La vida siempre será un camino lleno de baches.

Pero hay algo más; hay distintos tipos de sufrimiento. Uno es manifiesto, el tipo de dolor que es inmediato y obvio. La enfermedad física, la pérdida de un ser querido, un cambio inesperado en el trabajo...: todos ellos entran en esta categoría. Todos sabemos que perder a un ser querido o sufrir una enfermedad puede causar un dolor y un estrés enormes; no hace falta que nadie nos lo diga.

La segunda forma de sufrimiento incluye todas las superposiciones mentales y emocionales que amplifican nuestra angustia. En el budismo, esto se conoce como la «segunda flecha». Si pensamos en los momentos en que sentimos dolor físico o la pérdida inicial de algo como una primera flecha que nos alcanza, entonces todo lo que añadimos –toda la serie de sentimientos y emociones como el miedo, la ira, la tristeza y la ansiedad, así como capas y capas de reacciones mentales– se siente como si nos dispararan de nuevo. Esto ocurre una y otra vez. La segunda flecha, la secuela emocional, puede causar a menudo más sufrimiento que el dolor inmediato de la primera flecha.

El primer flechazo forma parte de ser humano. No es posible tener un cuerpo en el que no envejezcamos o enfermemos. No hay relaciones en las que no experimentemos penurias y pérdidas. La solución, por tanto, no es deshacerse de las circunstancias difíciles a las que nos enfrentamos en la vida. Eso es imposible. En lugar de eso, el camino del despertar implica ajustar nuestras expectativas a la realidad. Tomemos como ejemplo nuestras relaciones. No se trata de evitar las relaciones porque puedan llevarnos al sufrimiento. Se trata de ver lo que las relaciones ofrecen realmente y abandonar la falsa esperanza de que una relación resolverá todos los problemas de la vida. Cuando invertimos demasiado en nuestras relaciones como única fuente de satisfacción, podemos volvernos pegajosos, evasivos o codependientes, con cualquier serie de patrones emocionales poco saludables. Nos volvemos controladores para no sentirnos impotentes, nos retraemos para que no nos abandonen o intentamos hacernos los desentendidos cuando en realidad estamos desesperados por recibir amor y afecto. Todos hemos pasado por eso alguna vez. Estos son los síntomas del *samsara*, señales de que nuestras expectativas están fuera de lugar.

La Primera Noble Verdad nos invita a ser brutalmente honestos con nosotros mismos, en especial sobre lo que podríamos llamar sufrimiento autocreado. Al reconocer que el sufrimiento es una parte natural de la condición humana, podemos echar un vistazo a nuestras vidas y preguntarnos: «¿Qué estoy esperando de verdad? ¿Qué busco en esta relación? ¿En mi forma de considerar la comida? ¿En la forma en que veo mi cuerpo, mi familia, mi salud, mi trabajo, mi dinero y mis pertenencias? ¿Pueden estas cosas proporcionarme realmente una felicidad duradera? ¿Cuánto duraría mi felicidad si tuviera todo el dinero del mundo o la relación de mis sueños?».

Si tomamos la historia de la vida del Buda como punto de referencia, podemos ver que tener nuestras necesidades y deseos satisfechos es útil, pero no es suficiente. Los seres humanos somos increíblemente buenos adaptándonos a nuestras circunstancias actuales. Cuando conseguimos algo que deseamos o algo que nos disgusta llega a su fin, ello se convierte enseguida en nuestra nueva normalidad. La nueva situación deja de ser satisfactoria, y nuestra mente se vuelve hacia el siguiente punto en el horizonte.

La Primera Noble Verdad nos ayuda a aceptar este hecho básico de la condición humana. En lugar de vivir en un mundo de fantasía, esperando ciegamente que de algún modo podamos mantener las cosas unidas el tiempo suficiente para sentirnos felices y contentos, nos volvemos honestos. Nuestras relaciones pueden ser muy significativas y satisfactorias, pero, si nos sentimos vacíos por dentro, no llenarán ese vacío. Las relaciones funcionan mejor cuando ya nos sentimos plenos y completos. Lo mismo ocurre con nuestro trabajo, nuestras aficiones, nuestra salud física y las muchas funciones que desempeñamos. Todo esto forma parte de una vida rica y gratificante, pero, cuando nuestra identidad está demasiado envuelta en estas cosas, nuestro deseo y apego dirigirán el espectáculo, y sufriremos.

La Segunda Noble Verdad

> «El sufrimiento tiene su origen en diversas causas y condiciones, pero la causa fundamental de nuestro dolor y sufrimiento reside en nuestro propio estado mental ignorante e indisciplinado. La felicidad que buscamos solo puede alcanzarse mediante la purificación de nuestra mente».
>
> Su Santidad el Dalái Lama

En primer lugar, ¿cómo se produce todo este sufrimiento de creación propia? La Segunda Noble Verdad llega a las causas profundas de nuestra insatisfacción crónica. En términos tradicionales, el Buda enseñó que el sufrimiento está causado por el *karma* y los *kleshas*. Exploraremos el karma más adelante, cuando hablemos de la Cuarta Noble Verdad, pero, en resumen, el karma se refiere a las cosas que decimos, pensamos y hacemos. No se trata de una fuerza mística ni de una especie de destino espiritual. El karma es simplemente el principio de causa y efecto: el hecho de que cada pensamiento, palabra y acto pone en marcha una reacción en cadena que condicionará nuestra experiencia futura.

Aún más importantes son las fuerzas mentales y emocionales que impulsan nuestro comportamiento. Se conocen como *kleshas*, las «aflicciones mentales» que crean y perpetúan el sufrimiento. El orgullo, la ira y los celos son solo algunos de los patrones mentales y emocionales que causan angustia. La psicología budista considera que tres de las aflicciones más importantes son el apego, la aversión y la ignorancia, comúnmente conocidas como los «tres venenos». Por separado y en conjunto, estos tres *kleshas* envenenan nuestra mente y hacen girar toda la rueda del *samsara*.

En el budismo, se presta mucha atención a la comprensión de los estados mentales para poder reconocerlos cuando se producen y entender claramente el efecto que tienen en nuestra experiencia interior. El más crítico de los tres venenos es la ignorancia, ya que pone en marcha toda una serie de patrones mentales y emocionales tóxicos. La ignorancia se define como un proceso de percepción errónea de la realidad o de comprensión equivocada de su funcionamiento. Podemos ser ignorantes sobre algo mundano. Por ejemplo, cuando estamos atrapados en un bucle de pensamientos ansiosos, solemos pensar que los resultados negativos son mucho más probables de lo que realmente son. Pero también podemos ser ignorantes de formas más profundas, como al formarnos creencias inexactas sobre nuestra propia naturaleza. Esto ocurre cuando nos definimos de forma poco saludable y ponemos límites a nuestro potencial, o cuando simplemente estamos ciegos a nuestras cualidades positivas.

El apego y la aversión –los otros dos venenos– tienen sus raíces en la ignorancia, en el sentido de que son estados mentales distorsionados. Cuando nos apegamos, por ejemplo, cuando sentimos un deseo intenso, tendemos a ignorar los aspectos negativos de lo que deseamos y a fijarnos demasiado en sus cualidades positivas. Piensa en tu placer culpable favorito. ¿Hay algún aspecto negativo en la experiencia? ¿Algún aspecto desagradable, estresante o poco agradable? Ahora, piensa en un momento en el que sientas una fuerte atracción hacia el objeto o la actividad. ¿Piensas alguna vez en esos aspectos negativos? Probablemente no. Puede que estén ahí, en el fondo de tu mente, pero si eres como la mayoría de la gente, probablemente los ignores cuando surge el estado de deseo o apego.

La aversión es justo lo contrario. En lugar de fijarnos en el lado positivo de algo que deseamos, nos quedamos atascados en el lado negativo de algo que esperamos evitar. Solo vemos las cosas que no nos gustan. Para hacerte una idea clara de este estado mental, piensa en alguien que te ponga de los nervios. ¿Qué te viene a la mente cuando piensas en esa persona? Puede que sea un buen padre, que tenga talento o que sea muy generoso a puerta cerrada. Todo el mundo tiene alguna cualidad redentora. Pero cuando sentimos aversión –o ira, asco, miedo y todos los demás estados que entran en esta categoría– descartamos estas cualidades positivas y solo vemos lo negativo.

El flujo de apego y aversión es como ajustar la imagen del televisor. Subes el brillo, bajas el contraste, juegas con el color y la resolución, pero de alguna manera nunca se ve del todo bien. Hacemos esto todo el tiempo. Cambiamos los alimentos que comemos para variar. Cambiamos nuestra ropa y nuestro vestuario mucho antes de que nuestra ropa vieja esté gastada. Cambiamos continuamente de actividad para no aburrirnos. Nos acercamos a algunas experiencias y evitamos otras como a la peste. Estamos constantemente dándole vueltas a los botones con la esperanza de encontrar ese estado perfecto de tranquilidad y equilibrio, pero, de alguna manera, nunca llega. Eso es el *samsara*.

El apego y la aversión son estados mentales distorsionados que nublan nuestra visión de la realidad. Vemos una representación distorsionada del mundo, como un filtro que crea una caricatura de lo real. El Buda se refería a esta tendencia a distorsionar la realidad como ignorancia y la consideraba la causa más profunda del sufrimiento. No solo no vemos con claridad a otras personas y situaciones, sino que tampoco nos vemos con claridad a nosotros mismos. Nos quedamos atrapados en creencias demasiado rígidas e inexactas sobre nosotros mismos, y estas creencias se manifiestan como todos los patrones mentales y emocionales que dirigen nuestras vidas.

Para ofrecer un ejemplo de la Segunda Noble Verdad, imagina algo estresante, como mirar tu lista de tareas pendientes y sentirte abrumado por su aparente infinitud. Podrías darle vueltas a todo el trabajo que aún no has terminado, o podrías aplazarlo y evitar todo el lío distrayéndote. Sea cual sea tu mecanismo de supervivencia, lo más probable es que te sientas estresado.

En momentos así, tendemos a fijarnos en las circunstancias externas de nuestra vida como fuente de nuestra angustia. Imaginamos que, si pudiéramos deshacernos de todas las cosas estresantes de la vida, por fin seríamos felices y estaríamos contentos. No nos damos cuenta de que gran parte de nuestro sufrimiento se produce en nuestros pensamientos y emociones, la segunda flecha. No es solo la lista de tareas pendientes lo que nos hace sufrir; es el remolino de pensamientos, sentimientos y reacciones que se desencadenan. Pero no es ahí donde nos centramos. Nos detenemos en las circunstancias externas e ignoramos por completo el paisaje interior de nuestros estados mentales y emocionales.

La Segunda Noble Verdad nos ayuda a ver con más claridad este tipo de situaciones. Podemos explorar la dinámica de nuestra experiencia interior en momentos estresantes –y también en momentos felices– para ver cuándo estamos atrapados en bucles de aversión o en patrones de deseo y apego. Con el tiempo, podemos sumergirnos bajo el remolino superficial de juicios y sentimientos y llegar a la reserva de conciencia, compasión y sabiduría que siempre está presente en el corazón de nuestra experiencia.

Este proceso de comprensión de las causas del sufrimiento nos conduce al cese del sufrimiento: la Tercera Noble Verdad.

La Tercera Noble Verdad

> «Ya tenemos todo lo que necesitamos. No hay necesidad de superarse. Todas esas zancadillas que nos ponemos a nosotros mismos –el miedo a ser malos y la esperanza de ser buenos, las identidades a las que tanto nos aferramos, la rabia, los celos y las adicciones de todo tipo– nunca tocan nuestra riqueza básica. Son como nubes que tapan temporalmente el sol. Pero todo el tiempo nuestro calor y nuestro brillo están aquí. Esto es lo que realmente somos. Estamos a un parpadeo de estar completamente despiertos».
>
> Pema Chödrön

La Tercera Noble Verdad es donde la película de terror del *samsara* se convierte en una historia de amor. El sufrimiento, la insatisfacción y la danza del apego y la aversión no lo son todo. Podemos romper todos los viejos patrones que mantienen el ciclo del *samsara* girando y trascender el sufrimiento con el que hemos vivido todo este tiempo; y cuando lo hacemos, el ciclo se detiene.

En el budismo, este cese del sufrimiento se denomina *nirvana*, el destino final del viaje del despertar. Pocas palabras evocan imágenes más místicas y exóticas que nirvana, pero no se trata de un plano mágico de la existencia. No es un estado de éxtasis o felicidad, ni un reino celestial alejado de nuestra vida mundana. El nirvana es simplemente lo que ocurre cuando estamos en pleno contacto con nuestra verdadera naturaleza y, por tanto, nuestras vidas ya no están alimentadas por el apego, la aversión, el estrés y el agobio. El nirvana es nuestro estado de ser cuando hemos superado las causas de nuestra insatisfacción crónica; es simplemente la mente liberada.

Llegados a este punto, hemos explorado tan plenamente nuestra experiencia interior que nunca perdemos el contacto con las cualidades de nuestra naturaleza despierta. En lugar de definirnos por las historias de nuestra vida, los roles que desempeñamos o nuestros hábitos emocionales, estamos enraizados en la conciencia, la compasión y la sabiduría.

A diferencia de los aspectos más superficiales de nuestra experiencia, estas tres cualidades son fundamentales para lo que somos. Al entrar en contacto con la conciencia, por ejemplo, estamos accediendo a la cualidad conocedora de la mente. No importa cuántas veces mires dentro de ti, siempre encontrarás la conciencia.

Por otro lado, no siempre encontrarás tu estado emocional dominante. Yo solía considerarme una persona ansiosa, pero no *siempre* lo estaba. Incluso lo que yo definía como ansiedad variaba de un momento a otro. Cuando intentaba hacer nuevos amigos en mi primer año de universidad, la ansiedad podía manifestarse como el impulso de abandonar una fiesta con un grupo de personas que no conocía muy bien. Podía tener un aspecto muy distinto en un momento en que me agobiaba por hablar en público. Me tumbaba en la cama y me proyectaba en el futuro, imaginando algún escenario y todas las formas en que podría salir terriblemente mal. A veces sentía un zumbido nervioso en el plexo solar, a veces apretaba la mandíbula y sentía tensión en los hombros. Cada vez que miraba, la ansiedad era distinta.

A diferencia de estas arenas movedizas de nuestros pensamientos y emociones, cualidades como la conciencia, la compasión y la sabiduría están siempre con nosotros; solo que no hemos aprendido a verlas con claridad. La meditación budista nos muestra cómo encontrar el camino hacia el nirvana sintonizando con estas cualidades. Con el tiempo, nuestra tendencia a buscar fuera de nosotros cosas que nos llenen empezará a remitir de forma natural. Empezaremos a ver que no hay necesidad de la danza del apego y la aversión, y que la riqueza siempre está ahí dentro de nosotros.

En términos budistas, la presencia de estas cualidades despiertas se denomina naturaleza búdica, nuestra verdadera naturaleza, que es innatamente completa, innatamente buena. Todos la tenemos. La cualidad despierta es lo que de verdad somos. En el fondo, somos budas, solo que aún no nos hemos dado cuenta.

Aunque, como se ha señalado en el capítulo anterior, el budismo nos invita a ser escépticos sobre estas ideas, también nos invita a mantener la mente abierta y, lo que es más importante, a buscarnos a nosotros mismos. Abrirnos a la posibilidad de que hay alguna parte de nosotros que es fundamentalmente íntegra, pura y completa nos impulsa a observar nuestra experiencia interior bajo una nueva luz y, poco a poco, empezamos a ver aspectos sutiles de nuestra mente que han estado con nosotros todo el tiempo. La naturaleza búdica pasa de ser una bonita idea a una realidad viva. Rompe el ciclo del sufrimiento y nos conduce directamente al nirvana.

Práctica: descansar en la naturaleza búdica

El cese del sufrimiento –la Tercera Noble Verdad– nos invita a vernos a nosotros mismos bajo una nueva luz. En lugar de centrarnos en nuestras imperfecciones y defectos, nos abrimos a la posibilidad de que en el fondo somos perfectos, íntegros y completos. Para comprobarlo por ti mismo, prueba esta breve práctica.

- Colócate en una postura relajada, con la columna vertebral derecha y los músculos del cuerpo sueltos y relajados. Puedes mantener los ojos suavemente cerrados o abiertos con la mirada relajada.
- Establece una motivación positiva para tu práctica, pensando: «Que a través de esta práctica yo y todos los demás seres reconozcamos nuestra naturaleza búdica. Que todos descubramos nuestras cualidades innatas de conciencia, compasión y sabiduría». Puedes utilizar cualquier frase o imagen que te resulte más útil, pero intenta encontrar algo edificante e inspirador.

- A continuación, suéltate y descansa en una conciencia abierta y sin esfuerzo. No necesitas hacer nada durante uno o dos minutos. Cambia de un estado de hacer a uno de simplemente ser.
- Mientras descansas en este estado de presencia sin esfuerzo, ábrete a la posibilidad de que –en lo más profundo de tu ser– estás lleno de las cualidades despiertas de tu naturaleza búdica. No necesitas pensar en ello ni reflexionar. Simplemente siéntate con un sentido de dignidad y confianza en que eres perfecto, íntegro y completo. Tu naturaleza búdica es lo que realmente eres.
- Con esta serena confianza, aporta una sensación de calidez y aprecio a tu experiencia del momento presente. Explora lentamente lo que ves, oyes y sientes, percibiéndolo todo a través de la lente de tu naturaleza búdica, como si todo en este momento fuera perfecto tal y como es.
- Vuelve a sentir el movimiento de tu respiración, con la presencia tranquila y abierta de tu plena conciencia.
- Siente las sensaciones de tu cuerpo. Aporta un sentido de curiosidad a todo lo que sientas, incluso a las sensaciones desagradables como la incomodidad o la tensión.
- Observa lo que ves y oyes. Permanece abierto a lo que ocurre a tu alrededor, sin resistencia, solo con sinceridad y gratitud.
- Para terminar, imagina que compartes los beneficios de esta práctica con los demás, dedicando tu meditación al despertar de todos los seres.

Cuando realices prácticas como esta, recuerda que es muy normal que la mente divague. La mayoría de nosotros tendemos a tratar los momentos de distracción como un fracaso, pero darse cuenta de un momento de distracción es un gran éxito. Son momentos en los que pasamos de vivir en nuestros pensamientos y emociones a poner en práctica la conciencia del momento presente.

La Cuarta Noble Verdad

> «Abandonar toda maldad,
> cultivar todo lo que es bueno
> y pacificar tu propia mente:
> esta es la enseñanza del Buda».
>
> El Buda

La Cuarta Noble Verdad afirma que existe un camino que seguir. Hay una serie de pasos directos que podemos dar para explorar nuestra experiencia interior y desentrañar el ciclo del *samsara*. Podemos notar un claro sentido de la dirección, incluso mientras navegamos por las procelosas aguas de la vida. Podemos abordar nuestras relaciones, trabajos y cualquier cosa que aparezca en nuestras vidas sin sentirnos completamente abrumados, y podemos mantener el equilibrio incluso cuando las cosas cambien inesperadamente.

La meditación formal es una parte importante de este proceso, pero el camino es mucho más que sentarse a practicar antes de empezar el día. Nos entrenamos para mantenernos enraizados en la consciencia en todo tipo de situaciones, como cuando mantenemos una conversación tensa con un amigo o con nuestra pareja. Practicamos la compasión y la bondad, incluso cuando estamos en medio de un día estresante en el trabajo. Aportamos toda nuestra sabiduría y perspicacia a las situaciones desencadenantes.

Cuando emprendes por primera vez el camino budista del despertar, y especialmente cuando empiezas a meditar con regularidad, es posible que solo tengas pequeños atisbos de conciencia, compasión y sabiduría, o que todo te parezca conceptual. En un momento dado, la calidad de la conciencia se convierte en una experiencia viva. Con el tiempo, estarás cada vez más en sintonía con la conciencia, pero lo importante es reconocer que la conciencia ha estado contigo todo el tiempo. No te estás volviendo más consciente, sino más familiarizado con la conciencia que ya tienes.

Para utilizar una analogía aproximada, inspira profundamente y fíjate en el aire que respiras. El aire ha estado aquí todo el tiempo, ¿verdad?, pero probablemente no le estabas prestando atención hasta que leíste esta línea. Ahora que eres consciente del aire, puedes elegir prestarle más atención si realmente quieres. Con el tiempo, podrías entrenarte para notar el aire allá donde fueras y, finalmente, si te entrenaras el tiempo suficiente, nunca olvidarías la presencia del aire. Notarías el aire que respiras todo el tiempo, en todas partes.

Lo mismo ocurre con la conciencia, la compasión y la sabiduría. La mayoría de nosotros nunca aprendimos a reconocer estas cualidades en nosotros mismos, por lo que puede parecer que no existen o que son puramente conceptuales, pero para eso sirve la meditación. La meditación nos pone en contacto con estas cualidades innatas de nuestra naturaleza despierta, nuestra naturaleza búdica. Al principio, nos olvidamos de ellas mucho más de lo que reconocemos su presencia, pero a medida que nuestra práctica de meditación crece y profundiza, también lo hace nuestra familiaridad. Las olvidamos menos y las reconocemos más fácilmente. Al final, nunca las olvidamos. La conciencia, la compasión y la sabiduría se convierten en nuestra forma de estar en el mundo. Vivimos en sintonía con el momento presente, con el corazón abierto a todo lo que surge y la sabiduría disponible en todas las situaciones.

Eso es todo lo que es el despertar.

La Cuarta Noble Verdad es esencialmente la hoja de ruta hacia este despertar. Proporciona el proceso paso a paso que nos llevará de vuelta a casa. En términos tradicionales, estos pasos se describen como el Óctuple Sendero, que consta de ocho factores que sientan las bases para el despertar: visión correcta, motivación correcta, palabra correcta, acción correcta, sustento correcto, esfuerzo correcto, atención correcta y concentración correcta.

Cada paso del Óctuple Sendero incluye la palabra correcto(a), que indica la forma correcta o adecuada de abordar cada factor. No se trata de lo correcto frente a lo incorrecto, sino de la versión de este factor que más conduce al despertar.

Cada uno de estos ocho elementos debe estar presente para que se produzca el despertar. Veámoslos uno por uno y exploremos el papel único que desempeñan.

Visión correcta

La *visión correcta* es la forma perfecta o más auténtica de ver, la que nos ayudará a reconocernos a nosotros mismos y a la propia naturaleza de la realidad con claridad. En cierto sentido, la visión correcta es la base de todo el camino. Establece la dirección de nuestro viaje y nos permite adquirir conocimiento a lo largo del camino.

La visión correcta nos obliga a comprender el funcionamiento del *samsara*. Si queremos salir de este embrollo, necesitamos comprender cómo funciona el ciclo y qué es lo que lo mantiene en funcionamiento. En términos más ordinarios, podríamos pensar que se trata de comprender la condición humana, el tipo de sabiduría práctica sobre la mente humana que parecen tener los grandes santos y sabios. Desde el punto de vista budista, esto incluye la comprensión del karma, el principio de causalidad que nos ayuda a ver cómo cada pensamiento, palabra y acción pone en marcha una reacción en cadena que condicionará nuestra experiencia futura. Y lo que es más importante, debemos comprender cómo algunas formas de karma (es decir, algunas acciones o pautas de comportamiento) producen sufrimiento, mientras que otras conducen a estados de felicidad y bienestar, o incluso al despertar cuando están vinculadas a formas más profundas de discernimiento.

También existe una visión correcta más profunda, a veces denominada visión correcta «trascendente», que implica una visión profunda de la naturaleza misma de la realidad. En un sentido tradicional, la visión correcta trascendente se refiere a la plena comprensión de las Cuatro Nobles Verdades. Más allá de eso, es la realización plena y la experiencia directa de nuestra naturaleza búdica, que se produce al obtener una visión directa de la naturaleza de la realidad o de la naturaleza de la mente. La visión correcta se produce cuando nos vemos a nosotros mismos y al mundo a través de la lente de nuestra naturaleza búdica.

Motivación correcta

También traducida como «intención correcta», la *motivación correcta* nos ayuda a comprender por qué emprendemos el viaje del despertar en primer lugar. Por poner un ejemplo, si quieres visitar una ciudad en la que nunca has estado antes, necesitas tener una idea de dónde está y cómo la reconocerás cuando llegues. Pero también necesitas un porqué. ¿Por qué vas allí? ¿Es un viaje de negocios? ¿Es para descansar y relajarte? ¿Vas a conocer su historia y cultura? Tiene que haber una razón para el viaje, si no, no te molestarías en emprenderlo.

Lo mismo ocurre con el camino del despertar. La visión correcta nos ayuda a ver cómo funciona nuestra mente en su estado ordinario, samsárico, y también lo que podría ocurrir una vez que empecemos a comprender cómo son realmente las cosas y accedamos a nuestra naturaleza búdica. La motivación correcta añade el propósito que guía este proceso. Responde a la pregunta del porqué y nos mantiene motivados cuando las cosas se ponen difíciles.

Nuestra motivación puede empezar con el simple deseo de encontrar una forma de vida más sana y equilibrada. O tal vez sintamos que algo no funciona en nuestras vidas y estemos listos para un cambio. Puede que nos desilusionemos con las cosas que solían atraernos –placer, riqueza, éxito, etc.– y reconozcamos que no son tan satisfactorias como creíamos. Nuestro encantamiento con el *samsara* empieza a desaparecer.

Esto se hace más profundo. Nos damos cuenta de que no estamos solos en este lío. Hay innumerables criaturas vivientes, humanas y de otro tipo, en el barco con nosotros, todas tratando de navegar en las olas tormentosas del *samsara*. Nuestros corazones se abren y empezamos a incluirlos en nuestra motivación.

Llegados a este punto, nos comprometemos a evitar todo lo que pueda perjudicarnos y, además, a beneficiar a los demás. Con el tiempo, podríamos incluso asumir la responsabilidad de ayudar a todos los seres a despertar.

Puedes ver que la motivación correcta toma la perspectiva de la visión correcta y proporciona un vínculo con la acción. También aporta un sentido de encarnación al proceso. En otras palabras, este camino no solo transforma nuestra forma de vernos a nosotros mismos y de ver el mundo, sino también nuestra *forma de vivir*. Juntos, estos dos factores sientan las bases para los demás elementos del Óctuple Sendero.

Palabra correcta

Las cosas se vuelven un poco más intuitivas y directas con los siguientes tres factores, empezando por la *palabra correcta*. La palabra correcta es la palabra sana. Pero ¿qué entendemos por hablar sanamente, o por hablar sanamente de cualquier cosa? Como hemos visto, el budismo no es una tradición teísta. No existe un dios y, por tanto, no hay un conjunto de reglas que debamos seguir para mantenernos en el lado bueno de lo divino. En el budismo, términos como *virtud* y *sano* apuntan a algo más práctico. Sugieren que hay ciertos patrones de pensamiento, palabra y acción que conducen a resultados positivos como la felicidad, la alegría y el bienestar, y otros que llevan en la dirección opuesta. Así pues, hablar correctamente es ser consciente de lo que decimos y de cómo lo decimos para adquirir el hábito de comportarnos de forma que no causemos más sufrimiento. A un nivel más profundo, hablar correctamente nos ayuda a purificar la mente y acceder a la parte de nosotros mismos que ya es pura: nuestra naturaleza búdica.

El Buda enseñó que mentir, calumniar, hablar de forma divisiva, insultar a los demás, así como los cotilleos y otras formas de «hablar sin sentido», entran en la categoría del hablar malsano. Una vez más, no se trata de que la policía de la moralidad vaya a llamar a nuestra puerta si nos dejamos llevar por los últimos cotilleos. Se trata más bien de ayudarnos a examinar y explorar qué efectos tienen estas diferentes formas de hablar en nuestro bienestar general y, más allá de eso, cómo ayudan o dificultan nuestro camino espiritual.

Acción correcta

La *acción correcta* es la compañera de la palabra correcta. También en este caso, la atención se centra en ser conscientes y sensibles al modo en que nuestras acciones nos afectan a nosotros mismos y a los demás. Algunas cosas que hacemos nos conducen a la felicidad, mientras que otras nos llevan en la dirección opuesta. Algunas acciones nos tranquilizan y promueven una mentalidad propicia para el despertar, mientras que otras hacen que nuestra mente se agite con el deseo, la aversión, la ansiedad y otros estados mentales tóxicos.

El punto de vista tradicional sobre la acción correcta incluye prohibiciones sobre quitar una vida, robar y la conducta sexual inapropiada. En lugar de emprender acciones que causan daño, adoptamos las que son virtuosas, como dar con la intención de beneficiar a otra persona o criatura viviente. Como vimos con el habla, se trata de vivir de forma que nuestras acciones apoyen el proceso interior de despertar.

Medios de vida correctos

Los *medios de vida correctos* nos animan a ganarnos la vida de un modo que promueva el bienestar y el proceso de exploración de nuestra experiencia interior. La perspectiva budista recomienda no dedicarse a ninguna actividad ilegal para ganarse la vida, ni aceptar trabajos que impliquen dañar a otros, incluidos los animales. Vender armas, drogas o alcohol, por ejemplo, crea sufrimiento o daño, por lo que estas actividades se consideran fuera de los medios de vida correctos. Además de una carrera o profesión, también deberíamos considerar la forma en que nos comportamos en nuestros trabajos. Por ejemplo, un trabajo de ventas puede ser algo positivo, pero si mentimos, exageramos o engañamos a los demás de forma rutinaria para conseguir ventas, esto también se consideraría malsano.

Esfuerzo correcto

La palabra correcta, la acción correcta y los medios de vida correctos se centran en nuestro comportamiento: cómo vivimos nuestras vidas. El último conjunto de tres factores del Óctuple Sendero se centra más en nuestro estado mental interior. El *esfuerzo correcto* nos pide que tengamos una sensación de resolución energética, una mentalidad en la que nos sintamos elevados, motivados, dedicados e inspirados. En este caso, el esfuerzo «correcto» no es simplemente cualquier estado mental en el que estamos concentrados y muy motivados, sino que también apunte en la dirección correcta. Podemos estar muy motivados para ganar mucho dinero o para conseguir algo que realmente deseemos. El esfuerzo en el camino del despertar supone que tenemos claro nuestro destino y que estamos motivados por las razones correctas. En otras palabras, el esfuerzo correcto debe ir acompañado de la visión y la motivación correctas. Con estos dos elementos como compañeros, el esfuerzo correcto garantiza que siempre tengamos suficiente combustible en el depósito. Hemos de sentirnos entusiasmados con nuestro viaje y preparados para los altibajos a los que inevitablemente nos enfrentaremos. Esto no quiere decir que siempre nos sintamos alegres e inspirados –nada es tan fácil–, sino que sabemos cómo seguir adelante incluso cuando las cosas se ponen difíciles.

Atención plena correcta

La *atención plena correcta* es la presencia consciente, y crea el espacio interior necesario para que se produzcan el despertar y la percepción. En cierto sentido, la conciencia siempre está presente. No hay necesidad de volverse «más consciente» porque la conciencia ya está aquí y ya es perfecta. Lo que falta es estar en *contacto* con ella. Tenemos que reconocer su presencia y sintonizar plenamente con ella.

La experiencia de vivir con conciencia, o ser consciente, es una experiencia de conocimiento. En las primeras enseñanzas budistas, a menudo se leen instrucciones como: «Cuando respires, debes saber que estás respirando. Cuando comas, debes saber que estás comiendo. Cuando pienses, debes saber que estás pensando». No se trata de saber en el sentido intelectual, sino de ser más consciente de lo que ocurre en cada momento. Es lo contrario de perderse en lo que se está haciendo, funcionar con el piloto automático o estar desconectado o distraído.

Nuestro estado mental habitual suele centrarse en todos los «objetos» que pasan por nuestra conciencia. Si estamos pensando, recordando o rumiando, estamos atrapados en los objetos de nuestros pensamientos. Si estamos viendo algo o escuchando algo, nuestra atención se centra en las imágenes que vemos o en los sonidos que oímos. En todos estos casos, somos conscientes, pero no estamos en contacto con la conciencia misma. Nuestra atención se centra en los objetos de la conciencia, no en la presencia consciente de la mente que nos permite experimentar todos estos objetos. Cuanto más nos familiarizamos con la conciencia, más nos beneficiamos de la presencia tranquila, abierta y estable que nos proporciona.

Concentración correcta

La *concentración correcta* es uno de los elementos del Óctuple Sendero más difíciles de describir, porque tiene un aspecto diferente en las diversas formas de práctica de la meditación. En algunos casos, la concentración es un enfoque puntual, en el que la mente está afinada como un rayo láser y puede apuntar hacia donde quieras dirigir tu atención. En otras formas de meditación, puede ser panorámica, como una lente de gran apertura, un gran angular. Puedes permanecer completamente asentado y enraizado, sin el menor movimiento ni fluctuación, en la presencia abierta de la conciencia misma. En ambos casos, hay una sensación de estabilidad y continuidad. Es el polo opuesto a la mente inquieta que salta constantemente de una experiencia a otra.

La concentración correcta no es cualquier forma de atención. Puedes estar completamente concentrado cuando lees una novela o ves tu programa de televisión favorito. La concentración correcta es un estado mental sano en el que diriges toda tu energía mental en la misma dirección hacia algo sano y satisfactorio. Puede ser un objeto, como la respiración, o el propio campo de conciencia, pero en cualquier caso produce un estado mental estable, enraizado y sano. Como le gusta decir a uno de mis maestros, la mente se vuelve «flexible y manejable».

Estos ocho aspectos del camino sientan las bases para que se produzca el despertar. En la siguiente sección hablaremos de cómo un momento de inspiración puede ayudarnos a captar nuestro propio potencial e iniciarnos en el camino.

La chispa de potencial

> «La esencia iluminada está presente en todos. Está presente en todos los estados, tanto en el *samsara* como en el nirvana, y en todos los seres sensibles; no hay excepción. Experimenta tu naturaleza búdica, conviértela en tu práctica constante y alcanzarás la iluminación. A lo largo de mi vida he conocido a muchísimas personas que alcanzaron tal estado de iluminación, tanto hombres como mujeres. El despertar a la iluminación no es una fábula antigua. No es mitología. Ocurre de verdad».
>
> TULKU URGYEN RINPOCHE

La promesa del budismo es que el cambio es posible para todos nosotros. Todos contamos con el potencial de despertar. Este es el mensaje central de la vida y las enseñanzas del Buda. Aunque puede ser inspirador leer sobre grandes figuras históricas como el Buda y aprender sobre sus primeras enseñanzas, como las Cuatro Nobles Verdades, también necesitamos modelos más inmediatos, personas reales que podamos conocer y con las que podamos interactuar. Estar cerca de personas inspiradoras puede despertar algo en nosotros, como una chispa que pasa de una persona a otra.

Si miras atrás en tu vida, puede que recuerdes a personas que te han inspirado con su sabiduría o compasión. Tal vez no lo pensaste en estos términos, pero, aun así, quizá puedas recordar a ciertos individuos que parecían irradiar bondad o que siempre parecían tener una visión profunda de las personas o las situaciones. Cuando nos encontramos con una persona así, ya sea en la vida real o en un libro, algo se despierta. Se vislumbra un nuevo potencial para nosotros como seres humanos.

Es una de las grandes ironías de mi vida que ahora dé tantas charlas y presentaciones, porque de joven tenía un miedo intenso a hablar en público. Incluso me desmayé una vez en el escenario cuando era adolescente. Escuchar las historias de grandes maestros de meditación me ayudó a salir de mi mentalidad ansiosa. Mis primeros modelos aparecieron en los libros. Devoré clásicos espirituales modernos como *Autobiografía de un yogui* y los escritos de Carlos Castaneda. No me cansaba de leer a los grandes maestros y las lecciones que impartían a sus alumnos. Leer sobre los viajes espirituales de otras personas me ayudó a ver mi propia situación con más claridad. Recuerdo las experiencias de Castaneda con su mentor Don Juan. Castaneda era un tipo académico muy cerrado cuando comenzó su formación, pero Don Juan le puso en todo tipo de situaciones interesantes que lo obligaron a salir de su zona de confort. Esto le abrió gradualmente a nuevas percepciones, y sus tendencias neuróticas desaparecieron. Escuchar todas esas historias me ayudó a ver que podía dejarme consumir completamente por la ansiedad y aislarme aún más, o podía hacer algo diferente y cambiar.

Las personas sobre las que leía me reflejaban algo sobre mí mismo. Sus historias eran mi historia. Y, poco a poco, empecé a ver una chispa de potencial que yo mismo podía explotar, igual que ellos. No eran santos ni sabios nacidos milagrosamente. Eran personas corrientes, con retos corrientes, pero siguieron un camino de formación. No todos eran meditadores budistas, pero en sus historias escuché ecos de las Cuatro Nobles Verdades y del Óctuple Sendero que has leído aquí. En el camino para convertirse en grandes maestros, estos notables individuos aprendieron a entrenar sus mentes y a abrir sus corazones paso a paso. Tuvieron maestros. Tuvieron otras personas que los apoyaron en su viaje. Leyeron libros que les ayudaron a empezar. Sus historias tenían muchas capas de inspiración.

Los maestros y profesores de meditación de estos libros también me ayudaron a confiar en mi propia bondad. Me ayudaron a ver que todos tenemos sombras y demonios internos. En algún momento de la vida, todos nos sentimos rotos. Pero también hay partes de nosotros que están íntegras y completas. Empecé a comprender que el camino no es un proceso de arreglarnos a nosotros mismos, sino de reconocer y sintonizarnos con las partes que nunca estuvieron rotas. Los modelos de conducta y los maestros sabios te pararán en seco y te ayudarán a ver esto dentro de ti.

Las Cuatro Nobles Verdades son los primeros pasos en nuestro camino hacia el despertar, los pasos que nos ayudan a transformar los destellos de conciencia, compasión y sabiduría en algo más estable y duradero. Aprenderemos a observar estas cualidades en nosotros mismos. Se convertirán en nuestro nuevo hogar. Sabemos exactamente dónde está el tesoro. Lo hemos desenterrado. Está aquí mismo, y comenzamos el lento proceso de recordárnoslo para no olvidarlo nunca más.

3. Cruzar el río del sufrimiento

> «Sin saber que esto ya está presente en nuestro interior, es sorprendente que lo busquemos en otra parte. A pesar de que es tan claro como el sol brillante, qué asombroso que tan pocos de nosotros lo veamos».
>
> SHABKAR

Al ofrecer las Cuatro Nobles Verdades, el Buda inició una carrera docente que duró cuatro décadas. Ofrecía sus conocimientos sobre la mente humana y la naturaleza del sufrimiento a cualquiera que tuviera un interés sincero, y no tardó en reunir seguidores. Algunos venían a practicar bajo su guía. Otros buscaban milagros o querían desafiarle en debates filosóficos, pero él no tenía ningún interés en impresionar a la gente con sus habilidades sobrenaturales o el poder de su intelecto. Sus enseñanzas no eran sobre poderes místicos o grandes teorías sobre la naturaleza de la realidad; eran prácticas.

Después de compartir las Cuatro Nobles Verdades en el Parque de los Ciervos, empezaron a difundirse historias sobre su sabiduría. Pronto, el número de estudiantes aumentó en cientos y, luego, en miles. Sus enseñanzas atrajeron a personas de todas las clases sociales, desde ascetas errantes hasta ricos mecenas e incluso reyes y reinas. El Buda no prestó atención al rígido sistema de castas de la antigua India. Sus ideas beneficiaban a todos. Todos eran bienvenidos en el camino.

Enseñó a sus alumnos a meditar y a entrenar sus mentes para que fueran más tranquilas, amables y sabias. Pero el cambio no siempre es fácil: sus discípulos, como todos nosotros, encontraban obstáculos en el camino. Para ayudar a sus alumnos a navegar por el terreno pedregoso de su propia mente y sus emociones, desarrolló diferentes formas de práctica para distintos tipos de personalidades. El Buda comparó sus enseñanzas con una balsa y desarrolló tres enfoques distintos, cada uno como un tipo diferente de balsa, para llevarnos a través del embravecido río del *samsara*.

Imagínate frente a un río ancho, lleno de rocas ocultas, rápidos traicioneros y corrientes impredecibles. En la otra orilla hay una zona tranquila que anhelas visitar. Quieres cruzar el río, pero no tienes ni idea de cómo llegar a la otra orilla. Finalmente, encuentras una balsa, tal vez nada más que unos troncos atados, pero suficiente para llevarte hasta allí. Así que te subes a la balsa, confiando en que te sostendrá a través de las turbulencias y te ayudará a llegar a la orilla opuesta.

En esta metáfora centenaria, la otra orilla representa el nirvana, el cese del sufrimiento, y la balsa simboliza el camino de estudio y práctica que nos ayuda a llegar hasta allí. Pero llegar a la otra orilla no es tan sencillo, ¿verdad? Vadear con éxito nuestro apegos y deseos, nuestras frustraciones y hábitos, no es tarea fácil. Tenemos que navegar por el río salvaje de nuestros pensamientos, emociones y hábitos para llegar a esta nueva forma de ser. Necesitamos un vehículo, algo que pueda llevarnos del punto A al punto B.

A lo largo de los próximos capítulos estudiaremos un marco específico para organizar las enseñanzas del Buda. Este marco, conocido como los tres *yanas*, presenta los tres vehículos diferentes que nos ayudan a cruzar las tormentosas aguas del *samsara*. Juntos, estos tres vehículos abarcan toda la gama de enseñanzas del Buda.

Los tres *yanas*

> «El Buda enseñó tres caminos graduales diferentes para ayudarnos a alcanzar la paz interior dentro de nuestras mentes. Son el Hinayana, el Mahayana y el Vajrayana Secreto. Se trata de todas las diferentes enseñanzas budistas reunidas en tres puntos especiales».
>
> YONGEY MINGYUR RINPOCHE

Las Cuatro Nobles Verdades nos proporcionan la hoja de ruta para salir del *samsara*. Pero... ¿cómo hacemos realmente el viaje? ¿Cómo podemos experimentar por nosotros mismos las percepciones y la libertad interior del Buda, en lugar de convertir sus enseñanzas en un nuevo sistema de creencias? En la antigua India, y más tarde en el Tíbet, se desarrolló un sistema único que dividía los numerosos principios y prácticas de meditación de la tradición budista en tres «vehículos». Se puede pensar en los tres vehículos –o *yanas*, por utilizar el término sánscrito tradicional– como diferentes balsas para cruzar el río del *samsara*. Estos tres enfoques sirven para entrenar la mente en conciencia, compasión y sabiduría.

Algunas tradiciones budistas no reconocen que el Buda enseñara tres enfoques distintos. Algunas se centran en un solo *yana*, mientras que otras enseñan los tres juntos. Todo esto es objeto de debate, pero, sin duda, cada *yana* ofrece una perspectiva única en el camino budista de la transformación interior. Aquí dejaremos de lado los debates históricos y nos centraremos en los tres *yanas* como tradiciones vivas de experiencia y práctica, viéndolos a través de la lente del budismo tibetano. En el Tíbet, los tres *yanas* se entretejen en un hermoso tapiz que incluye todos los puntos clave del camino budista.

Los tres capítulos siguientes están dedicados a cada uno de los *yanas*, pero antes, en lo que queda de este capítulo, vamos a dar un paso atrás y considerar cuatro elementos importantes que encontramos en los tres enfoques: visión, meditación, aplicación y fructificación.

La *visión* se refiere a nuestra perspectiva y a cómo nos vemos a nosotros mismos. Cuando emprendemos un camino de autodescubrimiento y transformación, muchas cosas empiezan a cambiar. Este proceso puede comenzar cuando aprendemos una nueva idea. Puede que leamos un libro como este y salgamos de él con una idea que despierte nuestra imaginación y nos haga pensar de forma diferente sobre nuestras vidas. O puede que un amigo nos cuente algo que ha aprendido y esa idea se instale también en nuestra mente. Al margen de lo que ponga en marcha el proceso, lo primero que suele cambiar es nuestra comprensión y perspectiva, o lo que los budistas llaman «la visión».

La *meditación* es el proceso de conducir la visión a nuestra experiencia directa. Con la visión, empezamos a ver las cosas bajo una nueva luz, pero esto es solo el principio. Si seguimos con el proceso, las ideas y percepciones se arraigan poco a poco en nuestro ser. La comprensión se transforma en experiencia.

Con el tiempo, a medida que nuestra experiencia aumenta y profundiza, lo que empezó como una visión fugaz se transforma en algo más duradero. También se integra mejor con el resto de nuestra vida. Trasladamos estas percepciones a nuestras relaciones, trabajo y otras áreas de la vida. Esta es la *aplicación* de la práctica: el proceso de trasladar la visión y la meditación a la vida cotidiana.

Finalmente, hay un punto de culminación, un momento en el que alcanzamos la cima de la montaña y nuestro viaje termina. Esto se conoce como la *culminación* del camino, el punto en el que hemos perfeccionado nuestra práctica.

Pongamos un ejemplo práctico para ver cómo funciona esto en la vida real. Imagina que tienes un hábito emocional que te causa problemas, como tener mal genio. Al principio puedes pensar que tu carácter forma parte de ti. Te tomas a ti mismo como una persona enfadada. Pero un día escuchas un pódcast y te enteras de que se pueden cambiar los hábitos emocionales mediante la meditación, y empiezas a preguntarte si tu ira es más maleable de lo que pensabas. Esta chispa de inspiración aún no es una experiencia viva; es solo una idea, un nuevo punto de vista, pero empieza a transformar tu perspectiva.

Esto te impulsa a empezar a meditar, y en poco tiempo empiezas a experimentar tu antiguo hábito emocional de una forma un poco diferente. Al principio, esto solo ocurre cuando estás en una sesión de meditación formal. Cuando te viene a la cabeza un pensamiento o un recuerdo desencadenante, das un paso atrás y observas tu reacción sin dejarte arrastrar por la corriente. Con el tiempo, adquieres la capacidad de hacer lo mismo en otros ámbitos de tu vida, y las personas y situaciones que antes te resultaban insoportables se vuelven más manejables. Puede que sigas perdiendo los nervios a veces, pero te das cuenta de tus reacciones con más facilidad. Los periodos en los que pierdes el control son menos y más cortos. Si practicas lo suficiente, puede que incluso llegues a un punto en el que tu ira ya no se apodere de ti como antes. Tu paisaje emocional interior se transforma por completo.

Este desarrollo de la experiencia se plasma en los cuatro elementos de visión, meditación, aplicación y culminación.

Estos cuatro elementos también describen la arquitectura de los tres *yanas*:

- La *visión* se refiere a la perspectiva única y a los principios que forman la base de cada *yana*. Estas perspectivas transforman cómo nos vemos a nosotros mismos y cómo percibimos el mundo.
- La *meditación* hace referencia a cómo encarnamos la visión y trasladamos los principios budistas a nuestra propia experiencia directa. En el contexto de los tres *yanas*, cada vehículo tiene su propia forma de practicar la meditación que refleja su enfoque único.
- La *aplicación* se refiere a cómo empleamos la visión y la meditación en nuestras vidas, relaciones y todas las cosas que hacemos en el día a día. ¿Cómo tomamos lo que hemos aprendido y lo integramos en nuestro trabajo, familia y amistades? Cada uno de los tres *yanas* responde a esta pregunta de forma diferente, ofreciendo una visión única de cómo vivir las enseñanzas budistas.

- La *culminación* se refiere al final del camino. Cada uno de los tres *yanas* conduce a un punto de culminación, una etapa final de realización o despertar. Es el momento final de profunda percepción en el que nos transformamos verdadera y completamente, como el propio Buda experimentó mientras meditaba bajo el árbol de la bodhi.

Cada uno de los tres *yanas* tiene su propia visión, sus propias prácticas de meditación, su propia forma de aplicar las enseñanzas en la vida cotidiana y su propio estado de culminación del despertar. Comprender estos cuatro componentes nos dará una idea clara de lo que aporta cada *yana* y cómo nos ayuda a deshacer los nudos del sufrimiento.

En el próximo capítulo estudiaremos el Hinayana, o Vehículo Fundacional. Este vehículo contiene las enseñanzas más fundamentales de la tradición budista, incluidas las Cuatro Nobles Verdades, así como las ideas centrales sobre la impermanencia y la interdependencia. El segundo es el Mahayana, el Gran Vehículo. Este vehículo enfatiza la importancia de la compasión y el profundo principio budista de la vacuidad. Por último, exploraremos el Vajrayana, también denominado el Vehículo del Diamante o el Vehículo Indestructible. El Vehículo Vajra es conocido por sus poderosas prácticas de meditación, que utilizan experiencias humanas comunes, como el deseo sexual, el estado de sueño y el proceso de la muerte, como puertas de entrada al despertar.

Los tres *yanas* no son tres caminos independientes. Se enseñan por separado para que puedan comprenderse y encarnarse plenamente, pero, cuando se trata de nuestra práctica, hacemos uso de los tres juntos. Aprendemos a destilar las ideas y percepciones clave de los tres *yanas* en sencillas indicaciones que pueden orientar nuestra forma de vivir y de cuidar nuestra mente. Al estudiar el hermoso tapiz de los tres *yanas*, descubrimos un borde inacabado: la invitación a extender su urdimbre y su trama directamente en el tejido de nuestra mente y nuestra experiencia.

El camino de la meditación budista

> «Intenta ser consciente y deja que las cosas sigan su curso natural. Entonces, tu mente se aquietará en cualquier entorno, como el claro estanque de un bosque. Todo tipo de animales maravillosos y raros vendrán a beber al estanque, y verás claramente la naturaleza de todas las cosas. Verás ir y venir muchas cosas extrañas y maravillosas, pero tú estarás quieto. Esta es la felicidad del Buda».
>
> AJAHN CHAH

Antes de entrar de lleno en la exploración de los tres *yanas* en los capítulos siguientes, hay un tema adicional que tratar: el papel fundamental de la meditación en los tres *yanas*. No hay budismo sin la práctica de la meditación. Toda la tradición comenzó con las percepciones del Buda meditando bajo el árbol de la bodhi, y prácticamente todos los maestros budistas de los últimos 2.500 años hicieron de esta práctica la base de su estudio y práctica personales.

La razón es sencilla: la meditación es la clave para la experiencia directa, y la experiencia directa es la clave para el despertar y el autodescubrimiento. Como un científico que investiga las leyes de la naturaleza, cuando meditamos examinamos la dinámica interna de nuestros pensamientos, emociones e incluso la naturaleza de la propia consciencia. Los conocimientos que obtenemos de este proceso liberan la mente de hábitos disfuncionales y creencias distorsionadas.

Hay muchas formas diferentes de meditación, y cada uno de los tres *yanas* tiene su propia visión de esta antigua práctica. Pero antes de entrar en detalles, veamos la meditación budista desde una perspectiva más general.

En términos generales, la meditación es simplemente un proceso de entrenamiento de la mente en la autoexploración. Podemos ver en este marco que la meditación es un término muy general que abarca muchas formas de práctica interior. En cierto sentido, la meditación es para la mente lo que el ejercicio para el cuerpo. Hay muchas formas diferentes de meditación, al igual que hay muchos tipos de ejercicio. Todas estas variaciones están diseñadas para hacer cosas diferentes. Cada forma de ejercicio, por ejemplo, afectará a tu cuerpo de maneras distintas. Sin embargo, todas implican movimiento físico y alguna forma de entrenamiento. La meditación es así. Lo que une a todos los tipos de meditación es que trabajan con la mente para ayudarnos a explorar nuestra experiencia interior y aprovechar todo nuestro potencial como seres humanos.

Para muchos de nosotros, en el mundo moderno, meditar parece imposible. Si eres como la media de las personas, estás distraído casi el cincuenta por ciento del tiempo. ¿Cuántas veces te has encontrado haciendo una cosa mientras pensabas en otra? Puede que hayas conducido hasta tu casa y no recuerdes cómo has llegado hasta allí, o que hayas estado hablando con alguien y de repente te hayas dado cuenta de que estabas pensando en otra cosa y no tienes ni idea de lo que te han contado. Nuestra mente divaga a todas horas.

Puede parecer que la distracción es un problema muy del siglo XXI, pero el hecho de que el Buda lo convirtiera en un punto central de sus enseñanzas hace más de 2.500 años nos dice que los seres humanos siempre han luchado por vivir en el presente. Dicho esto, el mundo no nos lo está poniendo fácil. Vivimos en un entorno creado para generar y perpetuar la distracción.

La meditación es una forma poderosa de invertir la tendencia perenne pero creciente hacia la distracción. Aunque somos criaturas distraídas, también estamos hechos para aprender, para entrenar y transformar nuestras mentes. El Buda lo descubrió sentado bajo el árbol de la bodhi. Podemos aprender a prestar atención al momento presente. Podemos estar completamente disponibles para lo que surja, ya sea un malestar o algo hermoso. En este espacio del momento presente, somos capaces de desarrollar una inmensa cantidad de sabiduría y conciencia, e incluso compasión, que podemos aportar al resto de nuestras vidas.

Los beneficios de establecer y profundizar tu práctica de meditación merecen la pena, pero eso no significa que el proceso sea fácil. Nuestras mentes no solo vagan: se pierden en cavilaciones; se obsesionan consigo mismas; se atascan en bucles de pensamientos, sentimientos y recuerdos, y repiten estos patrones una y otra vez.

Recuerdo que una noche, cuando empecé a practicar meditación, estaba en la cama y sentía que mi mente no se apagaba. Los pensamientos sobre mi vida inundaban mi conciencia y mi cuerpo estaba tan excitado que no podía dormir. Una de las primeras prácticas de meditación que aprendí fue la respiración consciente, y aquella noche decidí probarla allí mismo. Mientras me dormía, me di cuenta de que la respiración consciente tiene un efecto calmante natural. Toda mi energía nerviosa disminuyó gradualmente. Con el tiempo, también noté algunos efectos secundarios inesperados de mi práctica de meditación. Mi concentración y mi memoria mejoraron. Tenía la sensación de haber aprovechado un manantial de energía mental que ni siquiera sabía que tenía. Ahora escucho mejor a mi familia y amigos. En general, me sentí más interesado, motivado y comprometido con mi vida. No era mi intención que se produjeran todos esos cambios, simplemente ocurrieron.

Tras unos meses de práctica intermitente, empecé a meditar todos los días, a veces incluso dos veces al día. Pero lo más importante es que empecé a esparcir momentos de atención plena por toda mi vida. Por ejemplo, cuando me sentaba en mi mesa a trabajar, hacía una pausa para respirar. Cuando estaba en un atasco o esperando en una cola, aprovechaba ese tiempo para hacer una breve meditación consciente. Me resultaba especialmente útil hacer una pausa y respirar cuando estaba estresado y agobiado. Esta práctica me salvaba la vida en esos momentos. Todavía recuerdo esas experiencias, ahora hace más de treinta años después.

Lo primero que probablemente notarás cuando empieces a meditar es lo fácilmente que te distraes. Eso puede parecer un fracaso, pero no lo es. Cuando notas que te distraes, es un gran éxito ser consciente de ello.

Es una señal de que el equilibrio en tu mente está empezando a cambiar de la distracción a la consciencia. Es señal de que has dado el primer paso.

Si llevas tiempo meditando, nada de esto es nuevo para ti. Pero si eres nuevo en esta práctica, aquí tienes algunas instrucciones básicas para empezar.

Puntos clave de la meditación

Postura

Busca una postura que te haga sentir erguido y alerta, pero también suelto y relajado. Puedes sentarte con las piernas cruzadas sobre un cojín de meditación o erguido en una silla, con los pies apoyados en el suelo. Incluso puedes meditar tumbado, siempre que la columna esté razonablemente recta y puedas mantenerte despierto mientras meditas. Sea cual sea la postura que elijas, lo más importante es encontrar una posición que te ayude a sentirte cómodo, relajado y alerta.

Ojos

Algunas formas de meditación funcionan mejor con los ojos cerrados, como la meditación sobre el sonido o las sensaciones corporales. Otras funcionan mejor con los ojos ligeramente abiertos, manteniendo una mirada relajada y suave. Una instrucción común para meditar con los ojos abiertos es mantener la mirada dirigida ligeramente hacia abajo, con un enfoque relajado (es decir, sin mirar a un objeto específico en el campo visual).

Respiración

Respira de forma natural cuando medites, a menos que las instrucciones de la meditación que estés realizando indiquen específicamente que debes alterar tu patrón respiratorio normal. A veces, puedes notar que tu respiración es más corta o más larga de lo normal. Puede ralentizarse o ser tan tranquila y uniforme que apenas puedas distinguir si sigues respirando o no. En otras ocasiones, la respiración se acelera, se siente entrecortada o incluso tensa. En cualquier caso, confía en que tu cuerpo haga lo que tiene que hacer. Permite que tu cuerpo encuentre su ritmo natural y no te preocupes si, de vez en cuando, te sientes un poco raro.

Momento y duración

El mejor momento para meditar es el que más te convenga. Lo mismo se aplica a la duración de la sesión de meditación. Lo más importante es la constancia, así que si meditar cinco minutos cada mañana es lo que te funciona, hazlo. Puedes alargar gradualmente las sesiones a medida que tu práctica se estabilice. Yo mismo meditaba dos veces al día, durante veinte minutos, cuando empecé a practicar, pero era estudiante universitario y tenía más tiempo libre. Así que haz lo que mejor se adapte a tu vida y circunstancias, y recuerda que empezar a practicar la meditación no es una carrera de velocidad, sino una práctica para toda la vida. Tómate tu tiempo y busca un enfoque coherente que puedas mantener a largo plazo.

Por último, puedes meditar en cualquier momento y lugar, estés donde estés y con quien estés. No es necesario meditar en una habitación silenciosa con las persianas bajadas y el incienso flotando en el aire. Puedes meditar mientras vas al trabajo o entre reunión y reunión. En mi trabajo, incluso meditamos durante uno o dos minutos para empezar las reuniones. Con la práctica, puedes aprender a transformar todo lo que haces en meditación.

PRÁCTICA: CONCIENCIA DEL MOMENTO PRESENTE

- Siéntate cómodamente y hazte consciente de tu cuerpo. Cierra lentamente los ojos o ábrelos suavemente, lo que te resulte más natural.
- Observa cómo se siente tu cuerpo en este momento. Ni bien ni mal. Tan solo observa lo que ocurre con una sensación de apertura y curiosidad.
- Observa si hay alguna tensión en tu cuerpo. Puede que tengas tensión en la mandíbula, los hombros o la espalda. Al inspirar y espirar, deja que la tensión y la tirantez disminuyan un poco y se relajen.
- Respira lenta, profunda y tranquilamente.
- Durante los siguientes instantes, sigue sentado. No hace falta que te concentres. No necesitas alcanzar un nuevo y mejor estado de consciencia. Déjate ser como eres en este momento. Descansa.
- Mientras descansas, ábrete a tu experiencia con una actitud de curiosidad y autodescubrimiento. Observa algunos detalles sutiles del momento presente a los que normalmente no prestas atención.
- Fíjate en lo que sientes al respirar. Tal vez observes una sensación de frescor al inspirar y de calor al espirar.
- Observa los sonidos a tu alrededor o el silencio si estás en un lugar tranquilo.
- Observa las sensaciones de tu cuerpo. Quizás la presión de tus pies en el suelo; o la temperatura del aire contra tu piel. Nota la sensación de tu ropa tocando la piel. Todas estas experiencias sutiles que normalmente pasamos por alto están

disponibles para ayudarte a conectar con la simplicidad del aquí y ahora. Explora estos detalles uno a uno y sintoniza con ellos.

- Si tienes los ojos abiertos, puedes elegir el mundo de la vista. Si tienes los ojos cerrados, fíjate en el juego de la luz sobre los párpados. Incluso con los ojos cerrados, puedes percibir todo tipo de colores. O, en algunos casos, simplemente la oscuridad. Si tiene los ojos abiertos, fíjate en las formas, los colores, todo lo que hay en tu campo de visión.
- Transcurridos unos cinco o diez minutos, permítete salir de la meditación. Mueve un poco los dedos de los pies, mueve los dedos de las manos, mueve el cuerpo, sin dejar de estar en sintonía con el momento presente de la experiencia. Si te es posible, traslada esta orientación al momento presente durante el resto del día.

Una de las cosas maravillosas de la meditación es que puedes practicarla en cualquier momento y en cualquier lugar. Así que incluso ahora, mientras lees este libro, puedes seguir meditando. Puedes concentrar toda tu atención en las palabras de la página, en los sonidos de tu mente mientras lees, y en las imágenes y percepciones que surgen a lo largo de la lectura. Esto es meditación en acción. Puedes meditar mientras lavas los platos o acaricias a tu perro. Puedes hacerlo mientras escuchas a un amigo o mantienes una conversación. Puedes hacerlo mientras haces ejercicio. Los meditadores avanzados meditan incluso mientras duermen profundamente sin soñar. Cualquier experiencia puede transformarse en meditación.

A pesar de los inevitables altibajos de la práctica de la meditación, el camino es infinitamente gratificante. Puedes meditar durante mil años, y aún habrá más que aprender sobre la mente humana. Tenemos una capacidad infinita para desarrollar una rica vida interior y estar más tranquilos, centrados y enfocados. Ampliar los límites de nuestra atención y preocupación por los demás es muy satisfactorio. E incluso una percepción sobre la condición humana, cuando nos tomamos el tiempo necesario para alimentar esa chispa de sabiduría, puede transformar toda nuestra vida.

4. El Vehículo Fundacional

Encontrar refugio del sufrimiento del *samsara*

> «La ignorancia es como un eclipse. Cuando el sol se eclipsa, no hay luz solar. Cuando la luna se eclipsa, no hay luz de luna. Del mismo modo, cuando la mente está envuelta en la ignorancia, no puede surgir el conocimiento».
>
> LEDI SAYADAW

El éxodo de Siddhartha del lujoso palacio en el que creció y su salida al mundo como asceta errante fue el primer paso de su renacimiento espiritual. Fue un acto increíblemente valiente. Imagínate sin cobijo, sin compañía e incluso sin un plan de adónde ir y qué hacer. Imagínate salir por tu cuenta sin un destino claro y sin nadie que te ayude si te caes.

Es probable que alguna vez en tu vida hayas emprendido un nuevo camino, inseguro de tu posición y sintiéndote ansioso o solo. Tanto si el inicio del camino budista te genera ese tipo de ansiedad como si no, es natural y sensato querer apoyo y compañía en el camino. En momentos de duda e incertidumbre, puede ayudarnos tener un puerto seguro, un lugar donde nos sintamos protegidos y como en casa. En el budismo, encontrar este puerto seguro se conoce como «tomar refugio».

El Hinayana, o Vehículo Fundacional, incluye el conjunto de enseñanzas más antiguo de la tradición budista. Son las más cercanas a las primeras enseñanzas que impartió el Buda y sintetizan la forma de pensamiento y práctica budista que prevalecía en los primeros días de la tradición budista. A pesar de su antigüedad, estas primeras enseñanzas siguen siendo eficaces en la actualidad; están muy vivas. Están claramente relacionadas con la tradición Theravada, la corriente dominante de la práctica en algunas partes del sur y el sureste de Asia, como Sri Lanka, Myanmar, Thailandia y Camboya. Estas enseñanzas también se encuentran en el budismo tibetano, donde no constituyen una tradición independiente como la Theravada, sino que forman parte del conjunto más amplio del tapiz de los tres *yanas*. Por tanto, las enseñanzas *hinayana* del budismo tibetano no son las mismas que las tradiciones vivas que se encuentran hoy en la tradición Theravada. Para nuestros propósitos, seguiremos el enfoque tibetano, que entreteje los diversos hilos de los tres *yanas* en un camino de práctica.

Tomar refugio: la puerta de entrada al Vehículo Fundacional

> «Cuando tomamos refugio en el Buda, el Dharma y el Sangha, utilizamos imágenes, conceptos y símbolos externos para conectar con nuestras cualidades internas de iluminación. Tomamos refugio en nuestra propia bondad, en nuestra disposición a soltar la fijación en el ego y ser de más ayuda a los demás».
>
> YONGEY MINGYUR RINPOCHE

El punto de entrada a las enseñanzas del Vehículo Fundacional es el acto de tomar refugio. Tomar refugio formaliza nuestro compromiso con el camino budista y nos permite relajarnos en las enseñanzas y prácticas. Acudimos a ellas en busca de refugio. Esto no significa que el budismo nos proteja de la vida; más bien significa que no tenemos que emprender este viaje solos. El propio camino budista puede convertirsc en un refugio mientras encontramos nuestro rumbo a través de las tormentas de la vida.

Tomar refugio es un primer paso importante porque marca el momento en que reconocemos formalmente que el *samsara* no funciona y decidimos pasar a la acción. Podemos deliberar, pero en algún momento tenemos que decir: «Sí, estoy dispuesto a intentarlo. Ya estoy harto de este ciclo de insatisfacción crónica. Estoy dispuesto a depositar mi confianza en el Buda y sus enseñanzas y a seguir el camino».

En cierto modo, la decisión de adentrarse en el camino budista es como aprender cualquier cosa. Si quieres aprender a tocar el piano, puedes investigar un poco y averiguar quiénes son los buenos profesores y cuáles pueden ser los mejores enfoques para aprender a tocar. Ahora bien, en algún momento, tienes que ponerte en marcha y empezar a tocar. Puede que aún no entiendas perfectamente el proceso; incluso puede que tengas preguntas y dudas. Pero una vez que hayas investigado lo suficiente, la mejor manera de responder a tus preguntas es intentarlo y comprobarlo por ti mismo.

El Buda enseñó que la toma de refugio tiene dos vertientes: en primer lugar, nos refugiamos en un sentido externo y, a continuación, de forma aún más profunda, nos refugiamos en un sentido interno. En el sentido externo, confiamos en el apoyo externo de las Tres Joyas: el Buda, el Dharma y el Sangha. El propio Buda –como ser vivo y como encarnación de la naturaleza búdica– se convierte en nuestro refugio como maestro. A diferencia de un salvador, el Buda no puede liberarnos del *samsara*. Pero el Buda ha recorrido el camino y, como todo buen maestro, puede compartir lo que aprendió y ayudarnos a encontrar nuestro propio camino.

La segunda de las Tres Joyas es el Dharma, las enseñanzas budistas. Al refugiarnos en el Dharma, nos refugiamos en lo que el Buda enseñó. Las enseñanzas no se presentan como mandamientos; están pensadas para ser experimentadas. Por eso, cuando nos refugiamos en las enseñanzas, nos refugiamos en nuestra propia, verdadera y vívida experiencia de ellas.

Sangha es una palabra sánscrita que significa «comunidad» o «asamblea». Somos criaturas sociales, y el aprendizaje es un proceso social. Necesitamos amigos en nuestro camino que nos ayuden a mantenernos motivados cuando los tiempos se ponen difíciles. Los compañeros de camino pueden proporcionarnos consuelo y apoyo, pero también pueden desafiarnos a buscar respuestas aún más profundamente. Los amigos pueden inspirar el cambio, y pueden identificarse y empatizar cuando el camino parece confuso o difícil.

En un sentido más técnico, el Sangha es el linaje de personas que tienen cierto grado de realización. No se trata de budas totalmente despiertos, sino de personas que están más avanzadas que nosotros en el camino. Pueden ayudarnos a los que estamos en etapas más tempranas de la práctica, del mismo modo que un alpinista experto puede ayudar a un novato diciéndole lo que le espera más arriba en la montaña.

En la tradición tibetana, un estudiante comienza formalmente su práctica budista participando en una ceremonia de toma de refugio. La ceremonia de la toma de refugio representa simbólicamente el proceso interior de abandonar el viejo paradigma a través del cual se veía la vida, abrirse a la posibilidad del despertar y comprometerse a emprender el camino. Un maestro cualificado suele repetir los versos tradicionales, incluidas estas líneas:

- Me refugio en el Buda.
- Me refugio en el Dharma.
- Me refugio en el Sangha.

A continuación, el maestro chasqueará los dedos y, en ese momento, se habrá producido el refugio formal. Ahora eres un seguidor de las enseñanzas del Buda. Para concluir, te cortan un pequeño mechón de cabello de la cabeza y recibes un nombre budista.

Los elementos de la ceremonia de refugio son simbólicos. Cortarse un mechón de cabello, por ejemplo, simboliza la renuncia y la voluntad de abandonar viejas formas de hacer las cosas y de ver el mundo. Recibir un nombre budista significa desprenderse de la vieja identidad y abrirse a la identidad más expansiva de la naturaleza búdica.

Cuando llegué al budismo, no tuve ningún problema con el proceso interno del refugio, pero sentía una intensa alergia a los rituales como los que se utilizan en la toma de refugio externo. No entendía lo que significaban todos los símbolos y me perdía por completo el significado de la ceremonia. Todo me parecía vacío y sin sentido. No fue hasta años más tarde, al decidir tomar refugio formalmente, cuando comprobé de primera mano lo poderosas que pueden ser la ceremonia y el ritual.

Llevaba seis o siete años meditando cuando decidí dar el paso, aunque, en muchos aspectos, ya era budista. Me apasionaba la práctica de la meditación, asistía a retiros y a sesiones de enseñanza siempre que tenía ocasión; y acababa de empezar un máster en estudios budistas. Aun así, tardé un tiempo en estar preparado para tomar refugio formalmente. Sentía una fuerte aversión hacia la religión organizada y no tenía ningún interés en «unirme» a nada. Sin embargo, había obtenido tantos beneficios de mi estudio y práctica del budismo que la atracción se hizo innegable. El hecho de que el Buda animara a sus alumnos a ser escépticos e investigar me tranquilizó. Pero lo que realmente me convenció fue la naturaleza práctica de las enseñanzas. No buscaba un nuevo sistema de creencias, sino un enfoque pragmático para explorar y transformar mi mente. Así que al final decidí refugiarme.

Hacía poco que había conocido a uno de mis primeros maestros, un brillante lama tibetano llamado Dzogchen Ponlop Rinpoche. Cuando me enteré de que ofrecía una ceremonia de refugio, aproveché la oportunidad. Ponlop Rinpoche encarnaba todo lo que me inspiraba la tradición budista: era sabio y bondadoso, pero también desenfadado, juguetón y muy divertido. Animaba a sus alumnos a pensar de forma crítica, a cuestionar sus ideas y a comprobar si las enseñanzas del Buda se ajustaban a su propia experiencia. Estaba encantado de refugiarme en un maestro al que admiraba y respetaba de verdad.

Cuando llegó el gran día, entré en una pequeña sala con un grupo de estudiantes. El ambiente era relajado e informal, y recuerdo que me sentía como si no tuviera ni idea de qué hacer o decir. Tenía miedo de meter la pata. La suerte quiso que acabara al frente de nuestro pequeño grupo de tomadores de refugio, sentado en el suelo justo delante de Ponlop Rinpoche, que tenía un sentido del humor bastante travieso, con una gran capacidad para hacer bromas. Cuando nos sentamos, me dirigió su atención de inmediato: «Así que quieres tomar refugio, ¿eh? ¿Por qué?».

Mi mente se quedó totalmente en blanco. No se me ocurrió nada. No recuerdo lo que pasó a continuación, pero estoy seguro de que hice un torpe intento de utilizar alguna expresión budista rebuscada para expresarme. Aunque no recuerdo muy bien lo que dije, nunca olvidaré lo que dijo él a continuación: «Eso no es suficiente. ¿Cuál es tu verdadera razón? ¿Por qué quieres practicar budismo? Dímelo».

De nuevo intenté responder, y de nuevo me preguntó por qué. La única forma en que puedo describir cómo me sentí en ese momento fue que mi cerebro estaba completamente paralizado. Era como si hubiera perdido la capacidad de formular frases.

Estuvimos así unos minutos, aunque me parecieron años, hasta que por fin se detuvo y me miró. Estaba seguro de que me iba a echar de la sala, condenado para siempre a ser un paria del camino budista. Pero, de repente, se echó a reír y dijo: «¡Claro que puedes tomar refugio! Empecemos». Entonces me miró con una calidez y un cariño tremendos, y toda la tensión mental que había llevado conmigo a la habitación se disolvió en un instante.

Es difícil explicar lo que ocurrió en aquella interacción, pero fue una de las experiencias más memorables de mi vida. También fue una de las primeras veces que presencié –o, en este caso, experimenté directamente– cómo un maestro espiritual dotado puede utilizar el humor, las preguntas provocadoras y otros medios para ayudar a un estudiante a bajar la guardia y abrirse a una nueva forma de ver el mundo. También fue un poderoso recordatorio de que el camino budista consiste en explorar y experimentar. Hay lugar para la indagación lúdica y el sano escepticismo. En resumen, tomar refugio me hizo sentir parte de algo mucho más grande, una pieza de un antiguo linaje que se remonta miles de años hasta el propio Buda, pero también una tradición que se sentía muy alineada con mi necesidad de hacer preguntas y buscar en mi propia experiencia directa para validar ideas y percepciones.

Ese día, Ponlop Rinpoche nos guió a través de un sencillo ritual. Meditamos juntos, cantamos algunas líneas tradicionales que expresaban nuestro interés por adentrarnos en el camino y luego nos acercamos a él, uno a uno, para que nos cortara un pequeño mechón de pelo y nos diera nuestros nombres de refugio. Con ello, tomé formalmente refugio en el Buda como mi maestro, en el Dharma como mi camino y en el Sangha como mis compañeros de viaje. Me gustaría decir que las nubes se separaron y los ángeles cantaron cuando todo terminó, pero lo que realmente sentí fue bastante sencillo: me sentí en casa.

Aunque no comprendería plenamente este elemento de la ceremonia hasta años más tarde, el acto de refugiarse en las Tres Joyas prepara el terreno para entrar en contacto con el refugio interior, la naturaleza búdica. Necesitamos los refugios exteriores. Nos ayudan a orientarnos cuando nos aventuramos en lo desconocido. Somos adictos a buscar el bienestar y la felicidad fuera de nosotros, y el Buda, el Dharma y el Sangha externos nos proporcionan un apoyo para nuestro viaje al ser ese objeto fuera de nosotros cuando empezamos. Sin embargo, en última instancia, las Tres Joyas nos dan la vuelta para que podamos encontrar una fuente duradera de refugio en nuestro interior. Confiamos en las Tres Joyas y ellas nos ayudan a confiar plenamente en nosotros mismos.

Buscando en los lugares equivocados

¿Por qué este proceso de tomar refugio es el punto de partida crítico del camino? Si examinamos nuestra experiencia momento a momento, la mayoría de nosotros nos daremos cuenta de que estamos constantemente buscando en diferentes experiencias el bienestar y la felicidad o evitar el sufrimiento. Buscamos fuera de nosotros mismos de mil maneras diferentes. En cierto sentido, nos refugiamos en circunstancias que fluctúan en todo momento. Hay cosas grandes, como nuestro trabajo y nuestras relaciones, por supuesto, pero también muchas cosas pequeñas en las que nunca pensamos o de las que ni siquiera nos damos cuenta. Nos sentimos incómodos, así que cambiamos de postura. Sentimos hambre, así que comemos. Nos encontramos esperando, así que, con el fin de evitar sentirnos aburridos o inquietos, cogemos el móvil para distraernos. Poco sabemos que buscar el placer y evitar el dolor es como beber agua salada. Podemos escapar de nuestro malestar por un momento, pero no dura.

Al tomar refugio, el camino budista no nos pide que renunciemos a nuestras relaciones ni que regalemos todas nuestras pertenencias. El problema no radica en las cosas de las que disfrutamos en la vida, sino en nuestras expectativas poco realistas. Esperamos de todas estas experiencias mucho más de lo que realmente pueden ofrecernos. Pensamos que todas estas cosas pueden ser un refugio seguro contra el sufrimiento del mundo, pero es poco lo que pueden hacer. El placer es efímero. El dolor forma parte de la experiencia humana. Nuestros trabajos, nuestras relaciones, nuestra salud... todos son inherentemente inestables e impredecibles.

Cuando nos refugiemos en estas cosas como única fuente de felicidad y satisfacción, nuestra sensación de bienestar será tan inestable como ellas. La vida será como una montaña rusa, siempre arriba y abajo pero nunca estable. El suelo se moverá constantemente bajo nuestros pies.

Pero hay una razón aún más importante para examinar de cerca aquello en lo que nos refugiamos: el sufrimiento prospera en el espacio entre nuestras expectativas y la realidad.

La experiencia humana implica pérdida, enfermedad y muchos otros retos, pero, cuando nuestras expectativas no están en contacto con la realidad, sufrimos aún más. Saber que las relaciones cambian, por ejemplo, no impedirá que lo hagan, pero nos ayudará a apreciarlas y disfrutarlas mientras duren y a evitar sentirnos vacíos sin ellas. Lo mismo ocurre con nuestro trabajo, nuestra salud y todo lo demás en la vida. Todo cambia. Cuanto más en contacto estemos con cómo son las cosas, menos sufriremos cuando se produzca un cambio inesperado.

Todos tenemos nuestras propias estrategias para afrontar el estrés de la vida. Algunos nos perdemos en el trabajo, nos apegamos demasiado o nos distanciamos demasiado en nuestras relaciones, o desarrollamos pequeñas o grandes adicciones a la comida, a sustancias o a nuestros dispositivos. No debemos culparnos por tener estos comportamientos. Todos hemos pasado por ello. Recuerdo que una vez trabajé con una alumna que tenía muchas dificultades para dejar de lado el impulso de comer en exceso. Desde fuera, es una de esas personas que parecen tenerlo todo controlado. Un trabajo estupendo, unos hijos encantadores…: todo el paquete. Pero cuando se sinceró conmigo, quedó claro que estaba llena de dudas e inseguridades. Hacía todo lo posible para dar buena impresión desde fuera, incluso para sus allegados, pero no se sentía bien y su mecanismo de defensa era la comida.

Me contó que todas sus dudas y miedos, y toda la autocrítica que rodeaba a sus patrones alimentarios, la hacían sentir muy avergonzada. Me confesó que, en su opinión, todos los demás estaban perfectamente adaptados y que solo ella era un desastre neurótico. Para romper el hechizo, le hablé de mi idilio de toda la vida con los nachos, y enseguida nos echamos a reír de lo absurdos que pueden ser estos viejos hábitos y lo difícil que puede resultar romperlos. La clave es relacionarse con ellos desde la fortaleza y la confianza. Tenemos que ver que los hábitos no son lo que somos. No son más que patrones mentales y emocionales condicionados; no solo podemos dejar de refugiarnos en ellos, sino que pueden desaprenderse. Cuando nos relacionamos con ellos con sabiduría y compasión, estos viejos demonios internos pueden transformarse en poderosos maestros en el camino del despertar.

Abandonar la mentalidad de la solución rápida

Otro obstáculo en el camino es el grado en que el mundo moderno nos ha condicionado a buscar soluciones rápidas. Con todas las comodidades que tenemos a nuestro alcance, es fácil tener la impresión de que podemos hacer que el *samsara* funcione. Yo mismo lo experimenté hace poco en un vuelo que cruzaba el país. Estaba trabajando y pagué unos dólares por la conexión a Internet. Al cabo de unos minutos, noté que la conexión era muy lenta y que mis mensajes no se enviaban. Empecé a enfadarme, pero de repente me di cuenta de lo que realmente estaba pasando. Estaba a

30.000 pies sobre la tierra, volando por el aire en un tubo metálico y enviando mensajes a alguien al otro lado del planeta. Cualquiera de estas cosas se habría considerado un milagro hace cien años, pero aquí estaba yo, frustrándome porque tenía que esperar unos segundos más para enviar un correo electrónico. Con esta nueva perspectiva, pude relajarme y abandonar mi convicción de que las cosas deberían ser de otra manera, de que el *samsara* debería funcionar mejor.

Muchos de nosotros trasladamos estas mismas expectativas de rapidez y comodidad a nuestra práctica de la meditación. Consideramos la meditación como una herramienta nueva y brillante, pero la utilizamos por las mismas viejas razones. Pensamos que la meditación nos ayudará a deshacernos de las partes de nosotros mismos que no nos gustan o a alcanzar un estado mental nuevo y mejorado.

Así me ocurrió a mí cuando empecé a meditar. Me gustaría decir que era una especie de sabio de la meditación, pero, como he mencionado antes, la meditación me resultaba bastante difícil en aquellos días. Mi mente estaba increíblemente dispersa. Me sentaba para hacer mi sesión de meditación de veinte minutos y apenas podía contar unas cuantas respiraciones antes de que mi mente se perdiera en un remolino de pensamientos y recuerdos estresados.

Me sorprendió y me decepcionó un poco que todas las cosas que leía en los libros de meditación no me ocurrieran por arte de magia. Mi mente no era un estanque tranquilo y apacible. Se parecía más bien a un río embravecido con basura flotando por todas partes. Cuando me sentía estresado o ansioso, mi mente se quedaba atascada en un bucle, con algún pensamiento temeroso repitiéndose. Por ejemplo, si esa semana tenía que hacer una presentación en una de mis clases de la universidad, me imaginaba todas las pesadillas que podrían ocurrir.

A pesar de todos mis defectos como meditador, una voz interior me decía que había algo profundamente sano en mi interior. Aunque entonces no me daba cuenta, se estaba produciendo un cambio: estaba entrando en contacto con el refugio interior de mi naturaleza búdica.

Todos tenemos una parte de nosotros que sabe que, incluso cuando la meditación produce una sensación de incomodidad, se está produciendo una transformación positiva. Piensa en cómo te sientes cuando trabajas con un terapeuta para superar un reto difícil. Puede que la experiencia no sea agradable, pero entiendes que es muy terapéutica. Eso es refugiarse. La meditación y la terapia son la medicina. Tomar una medicina no siempre sabe bien, pero confías en que te va a ayudar. Cuando tomas refugio, estás depositando tu confianza en la medicina externa del Buda, el Dharma y el Sangha, que te apoyarán hasta que estés en contacto con el refugio interno de tu naturaleza búdica: tu conciencia, compasión y sabiduría innatas.

La visión del Vehículo Fundacional: el yo dinámico

> «De vez en cuando intenta buscar una cosa singular que llames el yo. Verás un movimiento continuo, estados de ánimo atmosféricos que van y vienen como el tiempo, ideas que parpadean, pero que en realidad no permanecen en ningún lugar en particular;

> y, aunque surgen vívidamente –a veces con intensidad–, toda esta experiencia te eludirá cuando la busques. Por mucho que lo intentes, no serás capaz de identificar dónde acaba el yo y dónde empieza el mundo».
>
> Elizabeth Mattis Namgyel

Cuando el Buda estaba sentado bajo las hojas en forma de corazón del árbol de la bodhi la noche antes de despertar, recibió la visita del demonio Mara. Según la leyenda, Mara desafió al Buda. Le amenazó con violencia. Conjuró apariciones lujuriosas para seducirlo. Hizo todo lo posible para desequilibrarlo y desviarlo de la fase final de su despertar.

Nunca sabremos con certeza lo que realmente experimentó aquella noche. Quizá el Buda sintió miedo o ira, pero fue capaz de ver estas reacciones sin dejarse atrapar por ellas. Tal vez su ecuanimidad era tan madura que esos viejos hábitos no aparecieron en absoluto. Sea como fuere, en ese momento de su viaje espiritual estaba tan en contacto con su naturaleza búdica que ninguna de esas experiencias lo distrajo de las percepciones que estaban desarraigando los últimos vestigios de ignorancia en su interior.

Una de las conclusiones más importantes del Buda bajo el árbol de la bodhi fue que no existe un «yo» o «sí mismo» bajo todas las capas de nuestros pensamientos, sentimientos y percepciones. Esta visión fue más profunda que cualquier comprensión sobre la impermanencia de una determinada emoción, patrón de pensamiento, sensación corporal o incluso papel en la vida de uno. Descubrió que el yo es un espejismo, un tipo de distorsión mental.

En sánscrito, el término para esto es *anatman*, «sin-yo» o «sin sí mismo». *Atman* es una idea importante en las filosofías de la India antigua que se refiere a un alma o identidad permanente y duradera. Al decir que no existe tal yo, que no hay *atman*, el Buda no estaba diciendo que no existimos en absoluto. Más bien decía que nuestra experiencia física y mental es mucho más fluida y dinámica de lo que solemos creer. Nos definimos de muchas maneras diferentes, pero todas ellas son solo conceptos. Son creencias que nos dan la falsa impresión de que el yo es fijo, cuando en realidad no lo es en absoluto.

El principio del sin-yo no es especialmente útil como dogma. Si lo asumimos como un nuevo sistema de creencias, se convertirá en una capa más de nuestra identidad; sin embargo, es útil como ventana a nuestra experiencia directa. Aquí es donde entra en juego la meditación. Convertimos la noción misma de nuestra existencia en una pregunta y luego examinamos nuestra experiencia a través de la meditación. «¿Qué creencias y expectativas albergo sobre mí mismo? ¿Son ciertas? ¿Captan la imagen completa o me impiden ver las cosas con claridad? ¿Y quién es el «yo» o el «mí» más allá de todas estas capas y capas de identidad?».

Cuando vamos más allá de nuestros conceptos y empezamos a examinar nuestras experiencias, ¿qué encontramos realmente? ¿Descubrimos ese sentido fijo y rígido del yo? La propuesta fundamental del Buda era que no. Cuando nos tomamos el tiempo de mirar, encontramos una corriente de experiencia flexible y siempre cambiante. Por ejemplo, podemos darnos cuenta de que nuestra experiencia corporal cambia constantemente. Puede que en un momento nos sintamos llenos de energía y, en el siguiente, cansados. En un momento nos asalta un dolor de cabeza y, al siguiente, el dolor ha desaparecido dando paso a otra nueva experiencia. El cuerpo es joven, luego envejece y no deja de hacerlo. El cuerpo es un proceso dinámico.

Si exploramos el terreno interior de la mente, encontramos lo mismo. La mente cambia y se mueve constantemente: pensamientos y percepciones, todos ellos estados mentales fluctuantes que se forman y se disuelven en función de las condiciones que se den en cada momento. El Buda descubrió que su mente era como un río fluido, no un bloque de hielo. Esa también ha sido mi experiencia. Mira por ti mismo y verás lo que encuentras.

Sin-yo, impermanencia e interdependencia

> «Como seres humanos, somos tan impermanentes como todo lo demás. Cada célula del cuerpo cambia continuamente. Los pensamientos y las emociones surgen y desaparecen sin cesar. Cuando pensamos que somos competentes o que no tenemos esperanza, ¿en qué nos basamos? ¿En este momento fugaz? ¿En el éxito o el fracaso de ayer? Nos aferramos a una idea fija de quiénes somos y eso nos paraliza. Nada ni nadie es fijo».
>
> PEMA CHÖDRÖN

El principio del sin-yo es una de las piedras angulares de la perspectiva budista y una de las ideas clave del Vehículo Fundacional. Por tanto, es lógico que la tradición budista incluya muchos métodos prácticos para explorar nuestra identidad y soltar todas las creencias rígidas que mantenemos sobre nosotros mismos y el mundo. Separamos todos los aspectos de nuestra experiencia mental y emocional, como si estuviéramos desmontando una máquina compleja para ver cómo funciona todo.

También está el principio de interdependencia, otro concepto budista básico. Podría escribir un libro entero sobre este tema –y muchos otros lo han hecho–, pero, en pocas palabras: la interdependencia es la noción de que todo surge a partir de causas y condiciones. Nada existe por sí solo. Podemos sentirnos aislados y separados de los demás y del mundo que nos rodea, pero en realidad nuestra experiencia está determinada en cada momento por innumerables factores. Cuando exploramos esta compleja red de condiciones, vemos de primera mano que no hay un «yo» o un «mí» que esté realmente separado. Nuestra experiencia es un flujo dinámico que cambia constantemente en respuesta al mundo que nos rodea y al mundo interior de nuestros pensamientos y emociones.

Por último, pero no por ello menos importante, está el principio de impermanencia. A nivel instintivo, nos relacionamos con las cosas, incluidos nosotros mismos, como si fueran estables y duraderas. Sabemos que todo cambia, pero aun así sentimos como si hubiera algún núcleo o esencia que permanece igual a lo largo del tiempo. Soy la misma persona que se ha levantado esta mañana y la misma que se acostó anoche. Soy el mismo «yo» del año pasado, e incluso la misma persona que nació hace muchos años. Sé que he cambiado mucho en todos esos años, pero sigo siendo «yo». Pensamos esto de nosotros mismos, de otras personas e incluso de cosas, lugares y situaciones.

La idea de la impermanencia desafía esta creencia tan arraigada. Cuando el Buda tuvo su momento de despertar bajo el árbol de la bodhi, una de sus ideas centrales fue que las cosas cambian constantemente. Nuestros cuerpos, hasta las moléculas más diminutas, están en un proceso de cambio constante. Nuestros pensamientos, emociones e incluso la propia consciencia están cambiando. El mundo que nos rodea, incluso las cosas que parecen fijas y sólidas a primera vista, están en continuo cambio. Cuando dejamos a un lado nuestras creencias y suposiciones e investigamos lo que realmente experimentamos, descubrimos que todo está sujeto a cambios.

Cuando deconstruimos nuestra experiencia o utilizamos los principios de interdependencia e impermanencia para explorar la realidad, el resultado es el mismo. Miramos a través de la ilusión del yo. Todas nuestras rígidas creencias sobre quiénes y qué somos se desvanecen, y nuestra comprensión extirpa las causas del sufrimiento.

Práctica: yo y sin-yo

Todos estos principios pueden parecer bastante embriagadores y conceptuales al principio, así que vamos a intentar una breve meditación para tener una sensación experimental de este proceso:

- Adopta una postura cómoda, cierra los ojos y tómate unos minutos para descansar en un estado de presencia relajada. Permítete simplemente ser. Respira, observa el mundo que te rodea y deja que tu mente se calme de forma natural.
- Dedica unos instantes a crear una motivación edificante e inspiradora para hacer este breve ejercicio. Piensa lo siguiente:

«Que los beneficios de este autoanálisis se extiendan y beneficien a los demás. Que esto ayude a aportar más sabiduría y compasión al mundo».

- A continuación, examina con cuidado tu sentido del yo. Fíjate en ¿quién es el «yo» o el «mí» que está meditando en este momento? Intenta no pensar en ello. Esto no es un ejercicio de pensamiento. En lugar de eso, limítate a observar. Cuando observas tu cuerpo y tu mente, ¿puedes realmente encontrar dónde reside el yo?
- Si tienes la sensación de no encontrar nada, suéltala y descansa en ese momento de percepción. Deja ir todas tus expectativas, todas tus esperanzas y temores, y descansa naturalmente en un estado de conciencia abierta y sin esfuerzo. Si encuentras algo, sigue buscando y examinando, manteniendo una práctica ligera y lúdica.
- Si te sientes ansioso o nervioso, o incluso un poco asustado, no te preocupes; es una reacción normal. Si te resulta útil, puedes hacer una pausa de vez en cuando y prestar atención a tu respiración o a los sonidos de tu entorno.
- A continuación, traslada la consciencia a tus roles. ¿Qué te viene a la mente cuando piensas en tus roles más importantes? Elige uno en concreto y examínalo. ¿Es este rol lo que realmente eres de alguna manera fundamental? ¿Es lo que eres ahora mismo? Tómate un tiempo para examinar estas preguntas, o inventa las tuyas propias, y fíjate en lo que notas.
- ¿Y qué hay de tus relaciones, ya sean sanas o disfuncionales? ¿Estas relaciones y todos los patrones mentales y emocionales que las rodean te definen de forma sólida? ¿O todas estas cosas forman parte de tu experiencia, y cambian y evolucionan?

De nuevo, da un paso atrás y observa tu experiencia y date cuenta de lo fluidas y efímeras que son todas estas capas de identidad. Parecen sólidas, pero, cuando las observamos, se disuelven, como la arena que se escurre entre los dedos.

- Para terminar, tómate unos momentos o minutos para hacerte consciente de tu cuerpo. Observa qué sentimientos y sensaciones están presentes en este momento, sin juicios ni expectativas. Ya sean agradables, desagradables o neutros, o incluso si no sientes nada en absoluto, deja que tu conciencia se mueva suavemente por tu cuerpo.
- Puedes terminar como empezamos, con unos momentos de descanso en presencia abierta y sin esfuerzo.

La meditación en el Vehículo Fundacional: el vidrio alrededor de la vela

> «Todo el camino de mindfulness es este: hagas lo que hagas, sé consciente de ello».
>
> Dipa Ma

En la tradición budista, las categorías más comunes de meditación son la de tranquilidad o calma y la introspección, a las que a menudo se hace referencia con los términos sánscritos *shamata* y *vipashyana*. Juntas, estas dos formas de meditación nos ofrecen una práctica para experimentar la idea del «sin-yo» por nosotros mismos.

Traducido literalmente, *shamata* significa simplemente «tranquilidad» o «permanecer en calma». La meditación de la tranquilidad nos ayuda a estabilizar la mente y a alcanzar un equilibrio interior. El término sánscrito *vipashyana* (o *vipassana*, como se conoce en pali, otra lengua de la antigua India) se traduce comúnmente como «percatación». Una traducción más literal sería «visión clara» o «visión superior». Juntas, la meditación de la tranquilidad y la meditación del discernimiento funcionan en tándem; cada una apoya y enriquece a la otra.

Recuerda un momento de introspección en el que, de repente, hayas visto el mundo de otra manera. Ahora imagina esa percepción como la llama de una vela. La llama de una vela es bastante frágil por sí misma. Una ráfaga de viento podría apagarla en un instante. Una percatación es muy similar a la llama de una vela. Está ahí, pero es frágil. Podemos tener un breve momento de percepción, un parpadeo, pero luego desaparece. La meditación de la tranquilidad es como poner una cubierta de vidrio alrededor de la llama. La tranquilidad nos permite estabilizar la mente para que podamos alimentar nuestros destellos de perspicacia reveladora. Es la forma de meditación que permite que la llama siga ardiendo después de la chispa inicial. Estas dos formas de meditación se necesitan mutuamente. Si solo dispones de la cubierta de vidrio, pero no hay llama, no tendrás ninguna percepción que queme la ignorancia que mantiene girando el ciclo del *samsara*. Por otro lado, si tienes la llama pero no el cristal, la percepción no durará.

Todos hemos tenido una epifanía significativa en algún momento de nuestras vidas. En el momento en que te das cuenta, puede que te digas a ti mismo: «Vaya, ahora lo entiendo. ¡Lo veo tan claro!». Dos días después, la comprensión ha desaparecido.

Tu forma habitual de ver las cosas volverá a aparecer y borrará la comprensión. La meditación de la tranquilidad nos ayuda a cultivar un terreno fértil para que la percatación eche raíces. Sin tranquilidad, la mente es simplemente demasiado caótica, pero, cuando meditamos, poco a poco la transformamos en una aliada.

Práctica: meditación de la tranquilidad y de introspección

La tranquilidad y la introspección utilizan técnicas ligeramente diferentes para entrenar la mente. La mejor manera de entender estas técnicas es practicarlas. En esta breve práctica, experimentaremos con una de las técnicas de meditación más comunes: meditar en la respiración.

- Tómate un momento para ponerte cómodo. Puedes cerrar los ojos o mantenerlos suavemente abiertos. Siéntate sobre el cojín o en una silla. Tómate un momento más para relajar el cuerpo.
- Simplemente nota la sensación de tu respiración entrando y saliendo de tu cuerpo. Concéntrate en el lugar donde sientas la respiración con mayor claridad. Puede ser en la nariz, el abdomen o el pecho. Apoya tu conciencia suavemente en esas sensaciones allí donde las sientas.
- Observa cómo tu mente tiende a distraerse, con qué facilidad se ve arrastrada hacia otras experiencias o hacia el flujo de pensamientos. Aunque los momentos de distracción pueden parecer un fracaso, en realidad son una parte natural del proceso. Nos ayudan a reconocer la distracción cuando se produce.

- Cada vez que la mente empiece a desviarse de las sensaciones de la respiración, devuélvela suavemente a esta. Si notas una emoción, un sonido u otra sensación, vuelve a la respiración. Quédate con la respiración mientras entra y sale del cuerpo. La intención aquí es simplemente estar presente con la respiración. Dedica cinco minutos para probar esta sencilla práctica.

Esta es una forma básica de meditación de la tranquilidad: la práctica de familiarizarse con la conciencia. Es muy sencilla pero no fácil. De hecho, puede ser bastante difícil porque nuestra mente se distrae mucho. La práctica de la tranquilidad consiste en fijar la conciencia en algo y mantenerla allí. En este caso, fue en la respiración, pero puedes utilizar cualquier cosa como soporte para tu meditación. Puedes descansar tu atención en algo presente en tu campo visual o en las sensaciones de tu cuerpo; incluso puedes descansar en la conciencia misma.

Distraerse y recordar volver son la práctica. Al principio, puede que notes que tu atención divaga cada pocos segundos, pero, con el tiempo, notarás que tu capacidad para permanecer consciente aumenta.

Cuando hayas probado la meditación de la tranquilidad, vuelve a calmarte e intenta el siguiente ejercicio.

- De nuevo, puedes cerrar los ojos o dejarlos abiertos. Como antes, concéntrate en tu respiración, pero esta vez explora la respiración un poco más profundamente. Utilizaremos algunas preguntas como punto de partida, pero ten en cuenta que no se trata de un ejercicio de pensamiento. No necesitas pensar en estas preguntas. En lugar de eso, hazlas, luego observa directamente tu experiencia y fíjate en lo que notas.

- Empecemos con una pregunta sencilla: «¿Dónde está la respiración?». Está claro que ocurre, pero ¿dónde? ¿Puedes precisar dónde está?
- Ahora hazte otra pregunta: «¿Qué es la respiración?». La etiqueta «respiración» hace que parezca algo sencillo, pero ¿lo es? Fíjate en todas las partes y experiencias diferentes que componen lo que consideramos la respiración. Observa toda la complejidad que se esconde tras esta etiqueta.
- «¿Cambia la respiración?». ¿Es la misma de un momento a otro? Sigue explorando estas preguntas o inventa las tuyas propias. Permítete cuestionar y considerar la respiración tal y como la experimentas.

Esta segunda práctica, por supuesto, es *vipashyana*, o meditación de introspección. Tal vez hayas empezado a ganar algo de perspicacia sobre la sutil dinámica de la respiración. Tal vez te hayas dado cuenta de que cambia constantemente. Tal vez observaste diferentes partes y aspectos de la respiración. Con el tiempo, al comprender una experiencia sencilla, empiezas a comprender toda la experiencia. No solo la respiración es cambiante y dinámica, nuestras emociones y nuestros pensamientos también lo son.

Calma y claridad

Estas dos formas de meditación, practicadas a lo largo del tiempo, cumplen funciones muy distintas. Con la tranquilidad, aumentamos nuestra capacidad de estar presentes y conscientes (en este caso, conscientes de la respiración). La atracción de la distracción empieza a disminuir. Nuestra mente, que ya no está controlada por hábitos e impulsos, se convierte en nuestra aliada. Por otra parte, la meditación de la introspección desarraiga las causas del sufrimiento. Nos ayuda a ver las cosas con claridad, sin la superposición de nuestras creencias, expectativas y suposiciones. Con el tiempo, llegamos a comprender la naturaleza misma de la realidad y la naturaleza ilusoria del yo.

Como conjunto de habilidades, estas dos formas de meditación son tremendamente útiles en la vida cotidiana. Toma, por ejemplo, un momento en el que puedas sentirte irritado o molesto. La tranquilidad te da la capacidad de darte cuenta de la reacción antes de que se apodere de ti y te dejes arrastrar por la corriente emocional. Digamos que tu amigo, pareja o compañero de trabajo te dice algo desagradable y sientes una chispa de rabia o tristeza. Puedes notar que tu cuerpo se tensa y que tu respiración se acelera. Podrías ver los pensamientos reactivos agitándose en tu mente. La presencia tranquila en ti mismo te proporciona el espacio para responder y no reaccionar ciegamente. La perspicacia, unida al equilibrio y la presencia que ofrece la tranquilidad, te ofrecerá la capacidad de examinar tus creencias y percepciones en el momento. Puede que veas que, aunque hayan dicho algo poco amable, ellos mismos estaban reaccionando a algo que tú habías dicho antes ese mismo día. O tal vez veas que ellos también están sufriendo. Están atrapados en sus propias reacciones y arremeten contra ti, y la percepción puede conducir de forma natural a la compasión.

Cuando aplicamos estas habilidades, disponemos de muchas más opciones que cuando actuamos por costumbre. No se trata de convertirse en un felpudo, sino de ver con claridad. Podemos responder con la confianza de la sabiduría y la compasión en lugar de reaccionar ciegamente por impulso. Con el tiempo, incluso la aparición de nuestros demonios internos se convierte en momentos para aprender y crecer, momentos para forjar una mayor comprensión de la condición humana. Esto, a su vez, conduce a una mayor comprensión y empatía con nuestros semejantes.

Otro beneficio de estas prácticas es que nuestras mentes se vuelven más equilibradas. Un término budista clave para comunicar esta cualidad de estabilidad interior es *samadhi*, que significa «concentración meditativa». Es un estado mental tranquilo y completamente estable. A menudo se representa como una concentración nítida en un objeto específico, como la respiración, pero, en las formas más avanzadas de meditación de la tranquilidad, la atención puede centrarse en algo bastante amplio. Puedes comenzar con tu atención concentrada en un objeto definido, pero luego ampliar la apertura de tu conciencia a algo más grande y menos definido, como la conciencia misma. Con el tiempo, puedes ampliar tu atención para dejar entrar más y más y seguir sin distraerte. Con el tiempo, todo apoyará el proceso de meditación y podrás meditar en cualquier lugar.

Al igual que en la meditación de la tranquilidad, puedes utilizar la respiración como foco de exploración en la meditación de la introspección, pero no es necesario. Por ejemplo, puedes tomar la idea del sin-yo e introducirla en tu meditación. O puedes hacerte consciente del cuerpo y examinar la naturaleza de las sensaciones. Las posibilidades de la meditación de introspección son enormes. Una pregunta como «¿Quién soy y qué soy?» puede ser la base de toda una vida de práctica. «¿Qué es eso que denomino "yo"?». «¿Existe un "yo" que escucha los sonidos fuera de mi ventana?». «¿Quién es el "yo"» que está leyendo este libro ahora mismo?». No se trata de responder con la mente pensante, sino de examinar la experiencia desde dentro.

Aunque más arriba describo los frutos de la meditación de la tranquilidad como un movimiento desde la concentración focalizada hacia una conciencia más amplia, esto también varía de una escuela a otra. En algunas tradiciones del budismo, el aumento de la presencia implica una limitación de la concentración. Por ejemplo, puedes centrarte en una sensación específica asociada a tu respiración, como la sensación en el extremo de tus fosas nasales, y poco a poco forjar un estado puntual de concentración completa. Con el tiempo, si te vuelves experto en esta práctica, dejarás de sentir nada más. La mente se vuelve precisa como un láser. En otras tradiciones, se cultiva una forma de estabilidad mental que es más un campo expandido de conciencia. No te centras en una sola cosa, sino que dejas que todos tus pensamientos, sentimientos y percepciones sensoriales vayan y vengan y, simplemente, te mantienes presente y consciente con esta presencia expansiva. Aquí también puedes estar muy estable y sin distracciones, pero, en lugar de enfocarte con la precisión de un láser, tu mente es vasta e imperturbable. Sea cual sea la forma de práctica, cada vez estarás menos distraído y serás más capaz de permanecer presente. Si añades a la mezcla la meditación de la introspección, también tendrás un reconocimiento estable de la naturaleza transitoria del yo.

Los beneficios de la meditación de la tranquilidad son inmensos. He descubierto que la tranquilidad puede ayudarme especialmente cuando me enfrento a dificultades, desde pequeños acontecimientos estresantes hasta grandes retos vitales. La vida viene acompañada de innumerables pequeños pinchazos diarios, pero también puede traer consigo un enorme dolor. Experimentamos pérdidas a lo largo de nuestra vida. Podemos asistir al fallecimiento de un ser querido, perder una relación por divorcio o ser despedidos de un trabajo que apreciamos. En algún momento perderemos la salud si es que alguna vez la tuvimos. Al igual que la protección de cristal que protege la llama de una fuerte ráfaga de viento, la meditación nos muestra que también los momentos increíblemente difíciles de nuestras vidas son temporales y que podemos encontrar una sensación de equilibrio incluso cuando parece que el mundo que nos rodea se desmorona. La meditación puede fortalecer nuestra capacidad de permanecer presentes, de estar con nuestros propios sentimientos y emociones intensas sin dejarnos arrastrar por su corriente.

La aplicación: *ahimsa*, el camino de la no violencia

¿Cómo trasladamos lo que hacemos en nuestra vida cotidiana al camino para que sirva de apoyo a nuestra práctica? ¿Y cómo llevamos nuestra práctica a todos los altibajos de nuestra vida cotidiana? La aplicación de cada uno de los tres *yanas* se refiere a cómo encarnamos nuestra práctica en el resto de nuestra vida. La aplicación nos ayuda a integrar la visión y la meditación con nuestra experiencia en el mundo.

En el Vehículo Fundacional, el principio que guía nuestra forma de vivir la vida es el concepto de *ahimsa*, que es un término sánscrito que significa «sin daño» o «sin violencia». Este término se hizo famoso para designar la filosofía central de Gandhi. La adhesión de Gandhi al principio de sin violencia fue uno de los principales factores que condujeron a la emancipación de la India del dominio británico. También influyó en otros innumerables movimientos y líderes políticos, desde Martin Luther King Jr. hasta el XIV Dalái Lama o Malala Yousafzai.

Aunque la sabiduría del planteamiento de Gandhi parece obvia hoy en día, fue muy controvertida en su momento. Los nacionalistas y manifestantes indios arriesgaron sus vidas, y muchos murieron, en su lucha por la libertad. El impulso de tomar represalias debió de ser abrumador; sin embargo, Gandhi y sus seguidores supieron enfrentarse a la violencia y la injusticia con sabiduría y compasión, y finalmente el dominio británico se desmoronó.

Al igual que Gandhi y sus seguidores, al aplicar el Vehículo Fundacional hacemos todo lo posible por desprendernos de las cosas que nos crean sufrimiento a nosotros mismos o a los demás, y por evitar hacer cualquier cosa que perjudique a otras criaturas vivas, no solo a los seres humanos, sino también a los animales y a otros seres vivos. Esto puede adoptar la forma de tremendos actos de valentía, como los que encontramos en figuras como Gandhi, pero también puede manifestarse en los pequeños momentos de la vida cotidiana que nadie notará o recordará jamás.

Cuando tenía veinte años, pasé casi una década viviendo en asentamientos de refugiados tibetanos en la India y Nepal. Un ejemplo de la práctica cotidiana de la no violencia desde mi propia vida ocurrió durante mi estancia en Nepal. Entonces vivía con un presupuesto muy reducido, y las pocas cosas que tenía las compraba de segunda mano a amigos y vecinos. Uno de esos años estaba a punto de irme a un retiro de cinco meses y necesitaba una nevera pequeña. La suerte quiso que uno de mis amigos se fuera del país y vendiera todas sus cosas, incluidos los electrodomésticos de cocina. Me vendió su viejo frigorífico, lo empaqueté con el resto de mis cosas y me lo llevé a mi cabaña de retiro, en una zona muy tranquila llamada Pharping, un lugar sagrado de peregrinación budista en las estribaciones del Himalaya.

No tardé en darme cuenta de que a mi amigo se le había olvidado avisarme de que mi nuevo frigorífico albergaba una próspera colonia de cucarachas. No se veían mucho durante el día, pero, por la noche, salían a disfrutar de su nuevo entorno. También aprendí que las cucarachas se multiplican a una velocidad asombrosa. No tardaron en infiltrarse en todos los electrodomésticos y en casi todos los lugares en los que uno podría imaginar que una cucaracha quisiera pasar algún tiempo.

Yo ya estaba curtido en mil batallas con los insectos por haberme enfrentado a los omnipresentes mosquitos del norte de Minnesota, donde crecí e hice muchos retiros, pero esto era un nivel de infestación totalmente nuevo. Estaban por todas partes.

En otra época de mi vida, las habría matado sin pensármelo dos veces, pero todo mi retiro se basaba en la no violencia y la compasión. ¿Cómo podía hacer daño a estos seres vivos? ¿Acaso no querían vivir tanto como yo? Decidí firmemente que no las mataría, así que hice todo lo que pude para «escoltarlas» compasivamente fuera de la cabaña de retiro. Las cogía en un vaso, una a una, y las llevaba a un campo cercano. Por lo que yo sabía, volverían a mi cocina, pero seguí con mi programa de escolta de cucarachas durante los cinco meses que duró mi retiro. No puedo ni imaginar cuántas cucarachas llegué a conocer en ese periodo: debieron de ser miles.

Si alguien me hubiera observado en este proceso, estoy seguro de que mi comportamiento le hubiera parecido completamente ridículo, pero se convirtió en una parte tan importante de mi retiro como mis sesiones de meditación. Cuando empezó el retiro, veía la infestación como una distracción molesta, pero, al final, la sentí como una extensión de mi práctica de meditación. Era una oportunidad para practicar la no violencia en mi vida cotidiana.

Desde aquel glorioso periodo de comunión con las cucarachas, he tenido el privilegio de practicar mi programa de acompañamiento con mosquitos, moscas, ratones, hormigas, murciélagos e incluso ardillas voladoras. Nunca he tenido una infestación tan intensa como aquella, pero me abrió los ojos a la posibilidad de tratar con respeto a todos los seres vivos, incluso a los que me dan escalofríos.

Hacer pequeñas cosas como esta para vivir una vida sin violencia forma parte de un conjunto más amplio de prácticas budistas que se centran en cultivar la virtud. *Virtud* es una palabra que se oye en muchas tradiciones espirituales, pero tiene un significado un poco diferente en el budismo. En el budismo, la virtud es simplemente todo lo que conduce al bienestar y la felicidad. La no virtud es todo lo que conduce al sufrimiento y al malestar. Si estamos meditando y explorando el panorama y, al mismo tiempo, volvemos a caer en nuestras adicciones y hábitos de la vida cotidiana, estamos socavando lo que estamos haciendo en nuestra práctica. Es como construir algo con una mano y derribarlo con la otra. Por el contrario, hacer cosas virtuosas, como ayudar a los demás o evitar comportamientos que son autodestructivos, crea las condiciones internas para el proceso del despertar. Nuestra vida cotidiana se convierte en un apoyo para nuestra práctica de meditación.

En las culturas budistas tradicionales, forjar virtud también se describe como «acumular mérito». Acumular mérito era una parte importante de la cultura local en las comunidades en las que viví en el sur de Asia. Se podía ver en cómo la gente apoyaba al Sangha monástico a través de ofrendas a monjes y monjas. La gente visitaba las grandes estupas budistas para postrarse o circunvalar el monumento. Mirara donde mirara, la gente hacía actos de generosidad y amabilidad. Y descubrí que, cuando yo mismo me ponía en marcha y dedicaba parte de mi tiempo a hacer cosas «virtuosas», la meditación se volvía mucho más fácil.

En la mayor parte del mundo moderno, nuestra vida cotidiana no está preparada para fomentar la virtud. Escuchamos las noticias y los pódcasts que nos recuerdan constantemente todas las cosas espantosas y horribles que ocurren en el mundo. Cotilleamos con los amigos. Vemos series en nuestra plataforma favorita. Pero ¿cómo afectan todas estas actividades a nuestro estado de ánimo? ¿Promueven sentimientos de calma interior o abren nuestros corazones a la compasión? ¿O nos hacen sentir enfadados, ansiosos o estresados?

No estoy sugiriendo que te desconectes por completo de lo que ocurre en las noticias o que dejes de chatear con tus amigos, pero quizá quieras observar cómo todas estas actividades afectan a tu estado de ánimo y a tu viaje interior con la meditación. Puede que notes que estás más distraído después de algunas actividades. A mí me ocurre que incluso la inspiración para meditar puede disminuir cuando paso demasiado tiempo con el teléfono o me entretengo con otras actividades. Por ejemplo, suelo meditar a primera hora de la mañana, pero, si decido ponerme al día con el trabajo o coger el teléfono antes de sentarme a practicar, hay muchas más probabilidades de que me deje llevar y me salte la sesión matutina.

También puedes explorar la alternativa. ¿Cómo es tu vida cuando te centras en hacer cosas sanas y virtuosas? Lo más probable es que te sientas más tranquilo, centrado e inspirado para meditar y hacer otras cosas sanas.

Muchas culturas tradicionales tenían prácticas basadas en la virtud y el mérito que han desaparecido en gran medida. ¿Cómo podemos recrear una versión moderna de la virtud que no sea anticuada y pasada de moda? ¿Cómo podemos crear en nuestras vidas las condiciones que favorezcan nuestro bienestar colectivo e individual? Para vincular la aplicación con la visión, la pregunta se convierte en… ¿Cómo podemos usar nuestra aplicación de la vida diaria para soltar actividades dañinas, comprometernos en actividades virtuosas positivas y, luego, permitir que esas actividades apoyen el resto de nuestro camino espiritual?

Aunque el mundo puede parecer muy distinto de cómo era en tiempos del Buda, hay innumerables formas de aplicar sus enseñanzas. Para empezar, podemos ser más conscientes del modo en que nuestro estilo de vida afecta a otros seres vivos o al planeta en su conjunto. Comer carne, por ejemplo, no solo afecta a los innumerables animales que se matan para alimentarnos, sino que también contribuye a la crisis climática. La producción de carne y productos lácteos genera aproximadamente el 14% de las emisiones mundiales de carbono,* por lo que si todo el mundo redu-

* R. Gaillac y S. Marbach, «The carbon footprint of meat and dairy proteins: A practical perspective to guide low carbon footprint dietary choices», *Journal of Cleaner Production*, 321 (2021), https://doi.org/10.1016/j.jclepro.2021.128766.

jera un poco su consumo, la diferencia sería enorme. Del mismo modo, parte de la ropa que llevamos puede estar perpetuando condiciones injustas en todo el mundo. Las bolsas de plástico que utilizamos suelen acabar en el océano. Aunque no podamos evitar por completo hacer cosas que perjudican a otros seres, podemos ser más conscientes de nuestros actos y simplemente hacer lo que podamos; incluso estar dispuestos a mirar y examinar ya es un paso potente.

Esto puede parecer más una declaración política que una visión espiritual, pero el Buda enseñó que nuestro bienestar individual está íntimamente ligado a la salud y el bienestar de todo y de todos los demás. Cuando aportamos más conciencia, compasión y perspicacia a nuestra forma de vivir y actuar, no solo reducimos el daño que podemos estar causando inconscientemente, sino que también establecemos las condiciones internas para que nuestros corazones y mentes florezcan.

La culminación: el *arhat* y el nirvana

Cada uno de las tres *yanas* tiene un punto final único, una culminación final en el camino. Como ya se ha dicho, en términos tradicionales, esto se conoce como la realización, el punto en el que la visión, la meditación y la aplicación se han integrado tan completamente en nuestras vidas que nunca perdemos el contacto con ellas. En el Vehículo Fundacional, este punto de realización se conoce como el estado del *arhat*, o «destructor de enemigos».

Antes de profundizar en este punto de culminación, repasemos el camino que conduce a él. El Vehículo Fundacional nos ayuda a identificar las causas fundamentales del sufrimiento, que aquí se denominan «venenos», los estados mentales malsanos que perpetúan el *samsara*. Una vez que nos percatamos de la presencia de un pensamiento o emoción venenosa, aplicamos el antídoto apropiado para evitar sus efectos tóxicos. Si de repente te das cuenta de que surge el deseo, por ejemplo, puedes reconocer que te estás obsesionando con las cualidades positivas o placenteras del objeto de tu deseo e ignoras todos los demás aspectos de la experiencia. Para remediar el veneno del deseo, puedes reflexionar sobre sus aspectos insatisfactorios.

Digamos que tienes la costumbre de ir de compras y gastar demasiado cuando estás estresado. Cuando notes el impulso de comprar algo, deberías dar un paso atrás y examinar la situación. «Me encantan estos zapatos –podrías decir–, pero ¿realmente los necesito? ¿Cuánto placer me aportarán realmente? ¿Cuánto durará realmente la satisfacción? ¿Es esta la mejor manera de lidiar con el estrés que siento ahora mismo?». Traer a la mente los aspectos no tan agradables de la experiencia de comprar hará que el deseo disminuya. Yo mismo utilizo este enfoque cuando voy de compras, y me resulta muy útil. Me permite ver la diferencia entre lo que quiero y lo que realmente necesito.

Aquí hemos utilizado el deseo como ejemplo, pero también puedes aplicar este mismo enfoque a otros patrones mentales y emocionales. Si sientes ira o aversión, cultiva una actitud de amabilidad y cuidado. Si te sientes confuso, reflexiona sobre las causas y las condiciones de la situación. La idea básica es identificar el estado mental malsano y, a continuación, generar un estado mental o emocional diferente que cortocircuite eficazmente el primero. Aplicas un antídoto al veneno.

Con el tiempo, este proceso alcanza un punto culminante. Tu percepción se hace tan fuerte que no solo eliminas estados mentales malsanos como el deseo y la ira, sino que también desmantelas todas las creencias inconscientes sobre el yo que producen esas emociones. Esta realización que cambia el paradigma pone fin al *samsara*.

Como se señaló anteriormente, en el Vehículo Fundacional, el punto final del viaje conduce a un nivel de realización conocido como el *arhat*. Este término técnico significa literalmente «destructor de enemigos», pero no hay enemigos externos. Nuestros enemigos son los *kleshas*, los estados mentales y emocionales que causan y perpetúan nuestro sufrimiento. Una vez que comprendemos la naturaleza del ser, desarraigamos las causas del sufrimiento y vencemos nuestros *kleshas* destructivos.

Al otro lado del embravecido río del *samsara* se encuentra el nirvana, un estado en el que el sufrimiento y la insatisfacción crónica desaparecen. Cada uno de los tres *yanas* tiene una visión diferente de lo que es el nirvana y de cómo llegar a él. En el Hinayana, el nirvana se considera un estado de liberación y libertad interior, el logro más elevado del camino budista del despertar. A menudo se describe afirmando lo que no es, más que lo que es, ya que la experiencia del nirvana desafía nuestras formas habituales de pensar. Se asemeja a apagar una vela, a la extinción del fuego de los estados mentales tóxicos como la lujuria y la ira. Está más allá de las causas y condiciones habituales del *samsara*, por lo que se le denomina estado de ser «incondicionado». También pone fin al ciclo de renacimientos dentro del *samsara*. Una vez que se alcanza el nirvana, ya no se vuelve a nacer en el *samsara*. El nirvana no es un lugar ni un nuevo plano de existencia; es una experiencia directa de la naturaleza incondicionada de la realidad.

5. El Gran Vehículo

Ampliar el círculo

> «El momento presente está lleno de alegría y felicidad. Si estás atento, lo verás».
>
> Thich Nhat Hanh

Uno de los maestros de meditación más queridos de la tradición budista es el ermitaño tibetano Milarepa, que vivió en los siglos XI y XII y pasó la mayor parte de sus años meditando en estricto retiro, a menudo residiendo en cuevas en zonas aisladas del Himalaya. Milarepa es famoso por sus «cantos de realización», canciones profundas sobre puntos clave de la meditación budista que cantaba espontáneamente a sus alumnos y a quienes tenían la suerte de cruzarse en su camino.

Milarepa cantaba sus canciones incluso a los animales. En una famosa historia, se encontraba meditando en una zona remota en la frontera entre el actual Nepal y el Tíbet. La zona estaba llena de bosques frondosos, arroyos apacibles y todo tipo de vida salvaje. Un día, meditaba al aire libre cuando, de repente, oyó ladrar a un perro. Pocos minutos después, un ciervo angustiado entró corriendo en el claro, huyendo de los ladridos del perro.

Milarepa sintió inmediatamente una oleada de preocupación por el ciervo y entonó una de sus famosas canciones de sabiduría y compasión. Según cuenta la historia, el ciervo se quedó embelesado. Se acercó con calma a Milarepa, le acarició la mano y se sentó tranquilamente a sus pies.

Unos minutos más tarde, el perro irrumpió en el claro ladrando agresivamente al ciervo. Una vez más, Milarepa se puso a cantar, esta vez dirigiendo sus compasivas palabras de sabiduría al perro enfadado. El can no tardó en apaciguarse. Al igual que el ciervo, se acercó a Milarepa, le lamió cariñosamente y se sentó junto a él y al ciervo.

No pasó mucho tiempo antes de que entrara en escena una tercera figura, un experimentado cazador que portaba un arco y una flecha. Se enfureció al ver a su perro tumbado tranquilamente junto a Milarepa, del todo desinteresado en atrapar al ciervo. Lanzó insultos a Milarepa e incluso intentó dispararle con una flecha, pero esta voló alto y falló.

Al igual que hizo con el ciervo y el perro furioso, Milarepa prorrumpió espontáneamente en una canción, cantando al enfurecido cazador sobre el camino budista del despertar. Sus palabras pintaron un cuadro de los efectos tóxicos de la ira y la agresión. Describió con todo detalle el sufrimiento del ciervo y el dolor de albergar ira, resentimiento y malicia. Exaltó los beneficios de la compasión, explicando cómo puede liberarnos del sufrimiento y las dificultades. Al oír las profundas palabras de Milarepa y ver la sencillez con la que vivía como yogui, el cazador se llenó de remordimientos no solo por intentar dañar a Milarepa, sino también por todas las acciones negativas que había cometido en su vida de cazador. Pidió perdón a Milarepa y le preguntó por cómo seguir el camino budista.

Según cuenta la historia, el cazador se quedó con Milarepa, que le enseñó todo sobre la meditación y el camino del despertar. Con el tiempo, se convirtió en uno de los alumnos más cercanos y avanzados de Milarepa.

Esta historia centenaria pone de relieve el poder transformador de la compasión, uno de los principios fundamentales del Mayahana, el segundo de los tres *yanas*. En este enfoque del pensamiento y la práctica budistas, abrimos nuestros corazones al sufrimiento de todos los seres vivos. Nos comprometemos a liberar a todos los seres del sufrimiento y a ayudarlos a despertar a su naturaleza búdica.

El Mahayana, también conocido como el Gran Vehículo, es la principal forma de budismo en China, Japón, Corea y partes de Vietnam. El Gran Vehículo es también una parte muy importante del budismo tibetano, donde se entreteje con el Hinayana y el Vajrayana en una tradición cohesionada. Algunos de los grandes maestros budistas de los últimos cien años encarnan esta tradición, entre ellos Thich Nhat Hanh, que fue nominado para el Premio Nobel de la Paz por Martin Luther King y Su Santidad el Dalái Lama, que ganó el premio en 1989.

El voto del *bodhisattva*: la puerta de entrada al Mahayana

> «Y ahora, mientras dure el espacio,
> mientras haya seres que encontrar,
> que yo también permanezca
> para alejar las penas del mundo».
>
> SHANTIDEVA

Aunque hay enseñanzas sobre la compasión en otras corrientes del budismo, la concepción budista de la compasión llega a su plenitud en el Mahayana. Aquí, no hay un impulso para escapar del *samsara*. En su lugar, encontramos el despertar *dentro* del *samsara*, donde continuamos sirviendo a los demás y aliviando el sufrimiento en todas sus formas. La compasión nos mantiene conectados con el mundo.

El punto de partida del Mahayana es el voto del *bodhisattva*. En sánscrito, *bodhisattva* significa «corazón valiente del despertar». En pocas palabras, un *bodhisattva* es alguien que se ha comprometido a ayudar a todos los seres a despertar. Es una aspiración inmensa. Al tomar el voto del *bodhisattva*, nuestra motivación va más allá de nuestro propio despertar individual para reconocer que todos los seres están atrapados en la rueda del *samsara*. Un *bodhisattva* está dispuesto a dar un paso adelante y asumir la responsabilidad de todo el *samsara*, con el valiente compromiso de ayudar a todos los seres a despertar a su naturaleza búdica. En la historia del principio de este capítulo, la canción de Milarepa en respuesta al furioso cazador fue el acto de un *bodhisattva*. Esa simple bondad transformó la vida del cazador y lo puso en el camino del despertar.

En el Mahayana, comenzamos cada práctica con la afirmación de esta motivación altruista, y volvemos a este compromiso guía una y otra vez. En el mundo actual de tremendo estrés, conflicto y ansiedad, muchos de nosotros caminamos con el corazón cerrado. Nos endurecemos ante el sufrimiento del mundo y apenas somos capaces de hacer frente a nuestra propia pérdida y decepción. El Mahayana ofrece una serie de prácticas y enseñanzas que nos ayudan a abrir nuestros corazones de un modo que fomenta la confianza y la percepción. Esta preocupación y cuidado por todos los seres es la razón por la que el Mahayana recibe el nombre de Gran Vehículo.

Hay que preguntarse lo siguiente: ¿Cómo podemos ayudar *a todos los seres*? Puesto que muy a menudo parece que apenas podemos ayudarnos a nosotros mismos, ¿cómo demonios vamos a ayudar a todos los seres a liberarse del sufrimiento? En el Mahayana, aunque no interactuemos directamente con todos los seres, hacemos todo lo posible por llevar adelante esta motivación sagrada. Nos comprometemos a ayudar a quien podamos, siempre que nos sea posible.

Cuando vivía en Katmandú, mi buen amigo y vecino James Hopkins dirigía una organización sin ánimo de lucro que trabajaba con comunidades de mendigos para coser y crear hermosas mantas y colchas, y luego venderlas. Los ingresos de las mantas se destinaban a que los niños que habían estado mendigando por las calles recibieran una educación. Muy a menudo, los niños indios y nepalíes renunciaban a la escuela con el fin de mendigar dinero para sus familias. La misión de James no era otra que ayudarlos a romper el círculo de la pobreza.

Un día le pregunté: «James, ¿cómo empezaste en este trabajo?». Me contó que un sábado por la mañana, en una enseñanza budista, un maravilloso maestro llamado Chökyi Nyima Rinpoche dio una charla sobre la importancia de la motivación compasiva y de corazón abierto del *bodhisattva*. Rinpoche hizo hincapié en la importancia de esta motivación y ensalzó sus múltiples beneficios. James pensó que las enseñanzas tenían sentido, pero no sabía cómo poner en práctica la motivación en su propia vida. ¿Qué podía hacer realmente? Era consciente del sufrimiento que había en el mundo. De hecho, los problemas del mundo son a veces demasiado grandes para comprenderlos.

Después de la enseñanza, se acercó a Chökyi Nyima Rinpoche y le preguntó: «¿Qué debo hacer? ¿Cómo puedo cambiar las cosas?». «Cuando salgas de aquí, simplemente ayuda a la primera persona que encuentres –dijo Rinpoche–. Haz todo lo posible por ayudarlos de la forma que puedas».

James salió del monasterio e inmediatamente se encontró con una joven que llevaba un niño en brazos. Se le acercó y le pidió dinero. Su mirada y el bebé que llevaba en brazos le tocaron la fibra sensible, pero sabía que darle dinero no era lo más sensato. En Katmandú, hay pueblos enteros donde la mendicidad es una forma de vida. Los niños pueden ganar más dinero para sus familias mendigando que con cualquier otra ocupación, así que faltan a la escuela para mendigar, y se crea un círculo vicioso. La falta de educación les quita oportunidades de conseguir mejores trabajos, por lo que caen aún más en la pobreza y la presión a corto plazo para alimentar a la familia los empuja a la calle con el fin de conseguir un poco de dinero como sea.

En este caso concreto, la joven utilizaba un timo muy conocido en la zona. Un mendigo, normalmente una mujer joven, alquila literalmente un bebé a una mujer mayor y luego busca a turistas desprevenidos: «¡Por favor, por favor! –les dice, tirándoles de la manga de la camisa–. Por favor, ayúdeme a comprar leche para mi bebé». El turista, por supuesto, siente una mezcla de confusión, compasión y culpa ante la idea de no ayudar a una persona tan desesperada, así que le hacen caso y la acompañan. La situación se vuelve aún más confusa cuando ella les lleva a una pequeña tienda cercana y les señala una bolsa de leche en polvo que cuesta

10 dólares, una gran cantidad de dinero en Nepal. Pero ya es demasiado tarde para dar marcha atrás, así que le compran la leche a la joven y ella sigue feliz su camino. El turista no sabe que, unos minutos más tarde, ella volverá a la tienda y venderá la leche al tendero por unos dólares menos que el precio de compra.

James era un veterano en Katmandú, así que entendía todo el tinglado; lo había visto un millón de veces. Aunque darle dinero habría sido la forma más fácil de ayudarla, sabía que no haría nada para resolver la estructura subyacente de su pobreza. Entonces hizo una pausa y recordó otra cosa que Rinpoche le había dicho. La compasión no siempre es suficiente, también necesitamos sabiduría.

Sin darse cuenta, James se encontró dando un paso adelante para ayudar de una forma más sabia. Le dijo a la mujer: «Me gustaría mucho ayudarte, pero no voy a darte dinero. ¿Por qué no me llevas adonde vives y veo si puedo hacer algo más?».

Aquella tarde fue a la aldea, habló con la gente que vivía allí y empezó a entablar una relación con ellos. Indagó en lo que realmente ocurría y, mientras aprendía sobre la pobreza en la que se encontraban, vio que tenían una cultura única de fabicar colchas. Ver todo esto despertó su imaginación. Si de alguna manera pudieran vender sus hermosas creaciones, tal vez podrían romper el ciclo de pobreza que era una maldición para toda su comunidad. Inmediatamente supo que quería ayudarlos a intentarlo.

Esta historia transmite la esencia del *bodhisattva*. La apertura de corazón del *bodhisattva* no es una idea abstracta que nunca llega a ninguna parte. Los *bodhisattvas* implementan su voto mediante esfuerzos que equilibran la sabiduría y la compasión. De hecho, la sabiduría y la compasión se consideran las dos alas del voto del *bodhisattva*. Las necesitamos a ambas.

Sin sabiduría, somos ciegos, incapaces de ver qué curso de acción nos conducirá al resultado correcto. Por ejemplo, puede que queramos ayudar de verdad a alguien, pero acabemos haciéndole más mal que bien; o puede que nuestros esfuerzos no sean apreciados porque, en primer lugar, no eran deseados o necesarios.

Sin compasión, podríamos ver con claridad y tener grandes percepciones, pero nuestra motivación puede descarrilar. Quizá nos dejamos llevar por el deseo o el miedo. Tal vez seamos demasiado competitivos. Digamos que ves un camino claro para tener éxito en tu profesión y te propones ascender. Sin compasión, podrías hacer daño a la gente por el camino y ni siquiera darte cuenta, o, peor aún, darte cuenta y que no te importe.

Ayudar a todos los seres a liberarse del sufrimiento requiere sabiduría y discernimiento, además de compasión y sinceridad. Cuando tomamos el voto del *bodhisattva*, nos decimos a nosotros mismos: «Mi camino no es solo para mí. No estoy solo en esto. Todos somos interdependientes. Todos estamos conectados. No hay despertar para mí sin ayudar a otros a liberarse también del sufrimiento».

Al igual que vimos antes con el proceso de tomar refugio, el voto del *bodhisattva* también tiene un aspecto ceremonial. Este voto se suele hacer con un maestro, pero también se puede hacer solo. En ambos casos, se recitan versos de un famoso texto del maestro budista indio Shantideva, *El camino del Bodhisattva*. Estos versos son famosos en todo el mundo budista, ya que han sido memorizados, estudiados y recitados en voz alta por aspirantes a *bodhisattva*s durante más de doce siglos. Hasta el día de hoy, Su Santidad el Dalái Lama y otros maestros budistas enseñan *El camino del Bodhisattva* y transmiten la tradición del voto del *bodhisattva*. Para los que dan el salto, tomar este voto es uno de los momentos más importantes del camino budista.

En pocas palabras, estos versos expresan la intención de despertar en beneficio de todos los seres. Más importante que las palabras es la motivación que representan. Las palabras son simplemente el vehículo para el compromiso sincero de convertirse en *bodhisattva*, es decir, en una persona real que tiene la intención valiente y compasiva de ayudar a todos los seres sintientes a convertirse en budas.

He aquí el primer verso de Shantideva:

> «Así como los budas del pasado
> dieron lugar a la *bodhichitta*
> y se entrenaron en los preceptos del *bodhisattva*
> cumpliendo cada etapa de la práctica,
> así, por el bienestar de los seres,
> ahora engendro la *bodhichitta*
> y me entrenaré paso a paso
> en los caminos del *bodhisattva*».

Bodhichitta es una palabra y un concepto clave en la ceremonia de los votos del *bodhisattva*. En sánscrito, significa «corazón despierto». *Chitta*, traducido correctamente, contiene los conceptos tanto de mente como de corazón; es tanto el corazón del despertar como la mente del despertar.

Las enseñanzas sobre la *bodhichitta* son bastante profundas, hasta el punto de volverse casi esotéricas. Pero en el nivel más básico, la *bodhichitta* no es solo un pensamiento agradable. La *bodhichitta* incluye tanto la motivación para ayudar a todos los seres a despertar como los pasos que nos llevan en esa dirección. En términos tradicionales, se habla de «*bodhichitta* de aspiración», en la que imaginamos la posibilidad de que todos los seres alcancen plenamente su propia naturaleza búdica, y también de «*bodhichitta* de aplicación» o «*bodhichitta* en acción», que son los pasos que damos para hacer realidad esta visión. Así pues, la *bodhichitta* es tanto una mentalidad como una línea de acción.

Digamos que quieres hacer un viaje. Primero tienes que saber adónde vas. ¿Cómo es tu destino? ¿Cómo sabrás que has llegado? También necesitas un plan práctico. ¿Vas en coche o en avión? ¿Qué necesitas meter en la maleta? ¿Cuáles son las etapas del viaje? ¿Qué ayuda necesitarás por el camino? Sin una visión clara de adónde vas, podrías desviarte fácilmente del camino o acabar en otro sitio sin siquiera darte cuenta de tu error. Sin un buen plan y la voluntad de pasar a la acción, es posible que tengas un bonito sueño, pero que nunca llegues a levantarte del sofá. Necesitas la aspiración y también la acción.

La aspiración y la acción son profundamente transformadoras cuando las aplicamos al camino del despertar, sobre todo cuando infundimos *bodhichitta* a nuestra práctica. La mente de *bodhichitta* tiene una forma de profundizar en todo lo que hacemos, incluso en las actividades más mundanas. Puedes cepillarte los dientes y decir lo siguiente: «Me cepillo los dientes para mantenerme sano, y me mantengo sano para poder ayudar a las personas que me importan, y a todas las demás criaturas vivientes, a despertar». Puedes lavar los platos con *bodhichitta*. Puedes dar un paseo con *bodhichitta*. Puedes hacer ejercicio con *bodhichitta*. Yo mismo he adquirido el hábito de generar *bodhichitta* antes de las reuniones y cuando comienzo nuevos proyectos. Me detengo unos instantes y formulo la aspiración de ser beneficioso para las personas con las que trabajo y para el trabajo que voy a realizar, y, más allá de esto, que el trabajo ayude a todos los seres, en todas partes, a despertar a su naturaleza búdica.

La *bodhichitta* es como el combustible para nuestra práctica. Es edificante y energetizante, y nos hace más resistentes cuando nos enfrentamos a desafíos. Asumir este compromiso puede parecer abrumador al principio, o como si estuviéramos sacrificando nuestro propio bienestar por la felicidad de los demás, pero es justo lo contrario. Las personas más compasivas que conozco son también las más alegres y contentas. Nuestra propia felicidad y bienestar son subproductos inesperados de centrarnos en el bienestar de los demás. Con el tiempo, esta mentalidad se integra cada vez más en nuestra vida. Se convierte en parte de nosotros y comienza a sentirse automática y natural.

La clave que hay que recordar sobre la *bodhichitta* es que no es un estado pasivo. No solo tenemos el corazón abierto, sino que nos comprometemos activamente con el mundo y sus problemas. Pero esto no siempre significa que nos apresuremos a ayudar a la gente. La mejor forma de expresar *bodhichitta* puede ser dar espacio y escuchar a alguien; a veces se trata simplemente de aparecer y estar presente.

La visión Mahayana: la naturaleza búdica

> «Estudiar budismo es estudiarnos a nosotros mismos. Estudiarnos a nosotros mismos es olvidarnos de nosotros mismos».
>
> DOGEN

Todo en el Mahayana gira en torno al ideal de la apertura, de la franqueza. Una vez que tomamos el voto del *bodhisattva*, nos comprometemos a volver a esta motivación a lo largo del día, todos los días. Afirmamos y nos recordamos a nosotros mismos que debemos beneficiar a los demás, servir y ver la naturaleza búdica en los demás. Así, no solo nos entrenamos para comprometernos y ayudar, sino también para ver el potencial positivo y profundo de todas las formas de vida. Vemos ese potencial positivo en todos y en todo, y nos comprometemos a ayudar a los demás a darse cuenta de ello.

Como hemos aprendido antes, este potencial positivo para el despertar se conoce como naturaleza búdica. Todos y todo tienen el potencial de liberarse del sufrimiento. Todos y todo tenemos una naturaleza interior pura. Todo el sufrimiento, toda la confusión, todas las neurosis que padecemos están solo en la superficie; no es realmente lo que somos.

En el Hinayana, examinamos este tema en relación con nosotros mismos. En el Mahayana, también examinamos cómo vemos a los demás. Piensa en cómo percibes a los demás. ¿Ves lo bueno en los demás? Muy a menudo, no solo tenemos creencias inconscientes y distorsionadas sobre nosotros mismos, sino que también tenemos una percepción distorsionada de los demás. Puede que nos digamos: «Él es un egoísta», «Ella es una persona enfadada», o: «La gente de ese grupo es muy ignorante». Es cierto que todos tenemos viejos hábitos y patrones emocionales, pero, al mismo tiempo, todos tenemos una naturaleza interior pura. Este potencial despierto está más allá de todas nuestras cualidades superficiales y hábitos emocionales. Está más allá de los papeles que desempeñamos y de nuestras relaciones. Podemos estar ciegos a la bondad básica de los demás, igual que podemos estar ciegos a la nuestra. La mente de *bodhichitta* nos recuerda que esta bondad, este corazón abierto y franco, existe en todos nosotros.

Espero que, a estas alturas, esté claro que la naturaleza búdica no es solo un sistema de creencias, sino una forma de ver lo mejor de nosotros mismos y de los demás. Está pensada para ser práctica y vivencial. Supongamos que te encuentras atrapado en una conversación tensa con un amigo, compañero o colega. Las emociones como la ansiedad, la ira y la frustración que se manifiestan en esos momentos tienen una forma de estrechar nuestro campo de visión. Solo podemos ver lo que nuestras reacciones nos permiten ver. Si estamos ansiosos, todo nos parece una amenaza. Si estamos enfadados, solo vemos defectos y errores en la otra persona. Nos volvemos ciegos a la situación completa y a la plenitud de quién es la otra persona.

A medida que profundizamos en la práctica del Gran Vehículo, adquirimos gradualmente la capacidad de ver más allá de esta estrecha perspectiva. No ignoramos los problemas y los retos, pero no es lo único que vemos. Podemos ver la belleza y la resistencia de las personas y las situaciones. Podemos encontrar puntos en común en medio de una discusión. Podemos reconocer que todos buscamos la felicidad y que todos tenemos un valor y una dignidad básicos, por muy poco hábiles que seamos a veces. Por encima de eso, podemos incluso empezar a ver la naturaleza búdica en los demás y reflejarla en las personas de nuestra vida.

Vaciedad: espacio abierto y potencial infinito

> «La forma es vacío, el vacío es forma.
> El vacío no es otra cosa que forma;
> Y la forma no es otra cosa que vaciedad».
>
> *Sutra del Corazón*

Junto al principio de la naturaleza búdica, el budismo Mahayana se centra en la vacuidad, que es la parte más esotérica de la visión Mahayana. El vacío, la vacuidad, es una de las ideas más desafiantes y fácilmente malinterpretadas de la tradición budista. Vacío suena a nada, a mera ausencia, pero no es eso lo que significa este término en el contexto budista. En el budismo, el vacío apunta a la naturaleza ilusoria y onírica de la experiencia. Todas las etiquetas y conceptos que utilizamos para navegar por el mundo refuerzan la creencia de que las cosas existen realmente del mismo modo en que aparecen. Sin embargo, cuando nos tomamos tiempo para investigar, descubrimos que la aparente solidez del mundo y de todo lo que hay en él es una mera ilusión. No encontramos una esencia inmutable. Lo que encontramos es apertura y potencialidad. Las experiencias suceden, pero son ilusorias y oníricas. En el budismo, el término *vacío*, traducido del sánscrito *shunyata*, señala esta vasta apertura, el potencial infinito que existe en todas las cosas.

En el Vehículo Fundacional, dimos un paso hacia la comprensión del vacío examinando nuestro sentido del yo. Al examinar en profundidad la idea de que existe un yo permanente, uno se pregunta lo siguiente: «¿Puedo encontrar realmente un yo estable y duradero? ¿Dónde está? ¿Qué es?». Cuando nos desprendemos de las ideas y creencias inconscientes que tenemos y nos adentramos en la exploración de nuestra experiencia directa, no encontramos un yo sólido. Descubrimos que todo está cambiando, incluida nuestra consciencia, nuestro cuerpo y el mundo que nos rodea. Todo está cambiando, fluctuando y moviéndose en un flujo dinámico, recreando una nueva realidad a cada momento.

Aunque las enseñanzas del Vehículo Fundacional sobre la impermanencia y la interdependencia pueden llevarnos lejos en esta exploración, con la visión Mahayana de la vacuidad examinamos aún más lejos y más profundamente. Y cuanto más miramos, menos encontramos.

Mientras escribo esto, he estado bebiendo agua de un vaso. De un momento a otro, el vaso tiene el mismo aspecto; no ha cambiado. Ahora bien, si lo miráramos con un microscopio, veríamos que no es sólido en ningún aspecto esencial o duradero. El vidrio está hecho de arena y otros elementos; el agua tiene una química que puede analizarse y alterarse. La ciencia básica de quinto curso nos dice que las cosas no son tan sólidas como parecen. La solidez no es más que una apariencia, una percepción. Si examináramos más a fondo el vaso y el agua, veríamos que hay moléculas, y que las moléculas están compuestas de átomos. Los propios átomos están formados por partículas subatómicas en constante movimiento. Estas partículas subatómicas pueden descomponerse cada vez más hasta que no encontramos más que espacio abierto. Cuando se profundiza, como hacen los físicos, no se encuentra ningún bloque básico de la materia. Lo que encuentras es tan solo apertura. Si miras profundamente en todas las cosas, encontrarás la potencialidad bruta de la realidad misma.

La única diferencia entre una visión científica moderna y la visión budista de la vacuidad es que la exploración de la que hablamos aquí no se hace con análisis científicos y microscopios, sino a través de la meditación. La meditación nos proporciona la lente interior para examinar nuestra propia experiencia tan profunda y minuciosamente que nos encontramos de frente con esta sensación de apertura. Accedemos cada uno a la potencialidad cruda de la experiencia que normalmente ignoramos.

Esta apertura, este potencial, es también el tesoro que hay bajo nuestros pies. Es la esencia de nuestro ser. Es lo que somos al nivel más profundo. Y todo lo que es esencial para lo que somos surge de este potencial abierto. La conciencia, la compasión y la sabiduría son las cualidades irradiantes y naturales de esta apertura interior, tan innatas y centrales como el vacío mismo.

Al explorar experimentalmente el principio de la vacuidad, rehacemos todas nuestras conexiones para florecer. Nos da el espacio para estar presentes y conscientes, para sentirnos nutridos y conectados con otras personas, para comprender el funcionamiento de la mente y para sentir un propósito y una dirección en la vida. Vivimos desde un lugar de conexión profunda con todos y con todo.

Como he señalado en capítulos anteriores, cuando era joven creía que estaba predispuesto a la ansiedad. Más tarde, aprendí a meditar y empecé a darme cuenta de que mis emociones son ricas, complejas y cambian constantemente. Años más tarde, cuando aprendí sobre la vacuidad e incorporé lo que iba descubriendo a mi práctica, empecé a percibir una sensación de apertura más allá de todas las piezas cambiantes y móviles de mi experiencia interior. Ponerme en contacto con esta sensación más profunda de espacio y apertura en mi propio ser me ha conducido a tremendas percepciones y a una mayor sensación de facilidad y libertad en la vida.

La vacuidad y la naturaleza búdica, las dos partes clave de la visión Mahayana, describen diferentes cualidades de la misma experiencia. Las enseñanzas sobre la naturaleza búdica describen el estado despierto con todo lujo de detalles, igual que un amigo podría describir Nueva York si quisieras ir allí: desde la frenética energía de Times Square hasta las encantadoras callejuelas del West Village. Cuando llegaras, reconocerías la ciudad y no tendrías ninguna duda de que estás en el lugar correcto.

Este enfoque descriptivo es el que encontramos en las enseñanzas de la naturaleza búdica. Oímos hablar de todas las cualidades de nuestra naturaleza despierta. Aprendemos a reconocerlas en la experiencia y a cultivarlas. Oímos hablar de todas las etapas del camino, de todas las percepciones y experiencias que se producen a medida que entramos más y más en contacto con nuestra verdadera naturaleza.

Por otro lado, aprender sobre la vacuidad nos pone en contacto con la esencia misma de nuestro ser y con la verdadera naturaleza de la realidad. Esto nos ayuda a ver todos los desvíos y callejones sin salida que podemos tomar erróneamente mientras llevamos a cabo nuestro viaje interior. Nuestras mentes conceptuales son hiperactivas: constantemente etiquetan, juzgan y evalúan todo bajo el sol. Todos estos conceptos nos ayudan a navegar por un mundo de infinita complejidad, pero también simplifican en exceso y distorsionan la forma en que percibimos el mundo y a nosotros mismos.

Las enseñanzas sobre la vacuidad nos muestran lo limitados que pueden ser nuestros mapas conceptuales del mundo y cómo todas estas creencias y suposiciones ponen en marcha una reacción en cadena que conduce a más y más sufrimiento. En lugar de describir nuestro destino, como ocurre con las enseñanzas sobre la naturaleza búdica, aprender sobre la vacuidad nos ayuda a ver todas las creencias y conceptos distorsionados que se interponen en nuestro camino. Al reconocerlos con mayor claridad, podemos soltar poco a poco esas formas distorsionadas de percibirnos a nosotros mismos y al mundo y obtener una mejor percepción de la naturaleza misma de la realidad.

Pongamos un ejemplo. Una experiencia común en el camino de la meditación es quedarse atascado a medio camino de la montaña. Puede que tengamos una visión genuina, pero entonces la visión se desvanece y nos quedamos con un recuerdo. Empezamos a crear una historia en torno a la percepción que tuvimos. Superponemos creencias y descripciones al recuerdo y, poco a poco, perdemos el contacto con la experiencia que inició todo el proceso. Perdemos la profundidad experiencial de la percepción y nos quedamos con un conjunto de conceptos, quizá incluso con un nuevo sistema de creencias.

Desde el punto de vista budista, las creencias y los conceptos pueden ser peldaños útiles hacia la experiencia directa. Pero si nos atascamos demasiado en nuestros puntos de vista e ideas, la medicina liberadora de la experiencia directa se convierte en el veneno tóxico del dogma y las creencias rígidas. El vacío ayuda en situaciones como esta porque nos impulsa a sacar esas creencias y conceptos a la superficie. Trasladamos las expectativas y suposiciones inconscientes a la luz de nuestra conciencia despierta y las examinamos. Al final descubrimos que todos esos conceptos distorsionan y limitan nuestra percepción, y esta apreciación nos libera de su influencia. Entonces podemos ir más allá de nuestras suposiciones y dirigir nuestra atención a la exploración de la naturaleza fluida y onírica de la propia realidad.

La visión Mahayana entrelaza los principios de la naturaleza búdica y la vacuidad. Comenzamos con la *bodhichitta*, nuestro compromiso altruista y franco de trabajar por el despertar de todos los seres. Luego añadimos la visión de la naturaleza búdica: vemos a todos y a todo a través de la lente del despertar; y, al mismo tiempo, aportamos la profunda perspectiva de la vacuidad. Vemos más allá de cómo aparecen las cosas en la superficie con la comprensión de que hay algo infinitamente más abierto y espacioso en el núcleo de nuestro ser.

Meditación: en beneficio de los demás

> «La esencia del budismo es bondad y compasión».
>
> Su Santidad el Dalái Lama

En el Mahayana, hay varias formas de meditación, algunas más acordes con la meditación de la tranquilidad y otras más congruentes con *vipashyana*, o meditación de introspección. La meditación de la tranquilidad, como recordarás, es la forma estabilizadora de la práctica, el vaso alrededor de la llama. La meditación de la perspicacia es el proceso de autoindagación y exploración interior que enciende la llama de la sabiduría. Para reconocer y comprender plenamente la visión de la vacuidad, necesitamos la estabilidad interior que proporciona la meditación de la tranquilidad, así como una profunda introspección.

Si nos fijamos en la tradición Mahayana, la motivación principal de la meditación de la tranquilidad y de la introspección cambia. En el Vehículo Fundacional, la motivación principal de la meditación era para uno mismo. Ves que estás sufriendo. Ves que estás atrapado en un paradigma que perpetúa el estrés, la insatisfacción y las expectativas insatisfechas, por lo que emprendes el camino para liberarte del sufrimiento.

En el Gran Vehículo, la motivación se amplía para incluir a los demás. La motivación se centra ahora en liberar del sufrimiento a todos los seres, incluido uno mismo. Cada sesión de meditación comienza y termina con la motivación de la *bodhichitta*.

Un marco sencillo denominado «los tres principios sagrados» guía la forma de meditar en el enfoque Mahayana:

1. Comenzamos despertando la mente de *bodhichitta*.
2. Hacemos nuestra práctica sin expectativas ni conceptos rígidos.
3. Terminamos nuestra práctica dedicando nuestra meditación al despertar de todos los seres (en términos tradicionales, «dedicamos el mérito»).

Aquí se ve que la compasión y la *bodhichitta* son los apoyos de toda práctica. El Dalái Lama, haciéndose eco de muchos grandes maestros de esta tradición, suele enseñar que afirmar la intención altruista de la *bodhichitta* al comenzar la meditación es la parte más transformadora de la práctica, aunque solo sean unos instantes. Podemos practicar la respiración consciente durante décadas o cantar millones de mantras, pero si no hemos reflexionado sobre nuestra motivación, todas estas otras prácticas tendrán un beneficio limitado. No aprovecharemos todo su potencial sin vincularlas a la motivación compasiva de la *bodhichitta*.

Encontrarme con estas enseñanzas sobre la compasión y la *bodhichitta* cambió mi práctica de la meditación en gran medida. El enfoque en «todos los seres sensibles» me pareció un poco extraño y artificial al principio, pero lo seguí. Con el tiempo, mi motivación empezó a cambiar de verdad y, con ella, mis fijaciones en lo que yo consideraba los problemas de mi meditación (distracción, ansiedad, emociones «equivocadas») desaparecieron. La relación disfuncional que tenía con mi propia mente empezó a sanar.

Una práctica en particular sigue siendo mi técnica de meditación preferida. Cuando me siento a meditar, siempre reflexiono sobre la *bodhichitta* y aspiro a que de algún modo beneficie a los demás y, en última instancia, ayude a todos los seres a convertirse en budas. Luego voy un paso más allá y pienso «Que todo lo que ocurra en esta sesión de meditación sea precisamente lo que beneficie a los demás. Si es más beneficioso para mi mente ser un lío distraído, entonces que sea un lío distraído. Si es más beneficioso para los demás que mi mente esté en calma y concentrada, que así sea. Si es mejor para mí tener dolor de espalda o rumiar mi lista de tareas pendientes, que así sea, pero si beneficia a los demás que esté lleno de sabiduría y compasión, que así sea. En resumen, que lo que ocurra sea realmente beneficioso para los demás y alivie su sufrimiento».

Aunque he hecho esta breve reflexión innumerables veces, siempre tiene un profundo impacto. Todas mis expectativas se disuelven. Tengo mucho más claro por qué estoy practicando y me siento mucho menos atrapado por cualquier cosa estresante que pueda estar ocurriendo en mi vida ese día. En pocas palabras, mi corazón está más abierto y me siento mucho más seguro y centrado.

Hago esta práctica todo el tiempo, no solo cuando medito, sino también antes de las reuniones, cuando me siento a hacer un trabajo importante y en muchos otros pequeños momentos de la vida diaria. Llevar a cabo prácticas como esta nos pone en un estado de ánimo de cuidados y ayuda. Cuando nos levantamos de nuestra práctica, estamos en el estado de ánimo adecuado para ayudar a los demás. Si meditamos con la motivación de aliviar el sufrimiento de todos los seres, todo lo que hagamos en nuestra práctica estará imbuido de esta motivación compasiva.

PRÁCTICA: *TONGLEN*, ENVIAR FELICIDAD Y ALIVIAR EL SUFRIMIENTO

> «La compasión no es débil en absoluto; es la fuerza que surge de ver la verdadera naturaleza del sufrimiento en el mundo».
>
> SHARON SALZBERG

El *tonglen* es una antigua práctica de la tradición budista india que acabó llegando al Tíbet. En tibetano, el término *tong-len* significa literalmente «enviar y tomar». Esta práctica consiste en hacerse consciente de la respiración y utilizar los movimientos de la respiración para imaginar el envío de felicidad y el alivio del sufrimiento. Tradicionalmente, se practica paso a paso, empezando por un ser querido, luego extendiendo la bondad y la compasión a extraños o a personas que no conoces muy bien y, después, incluso a personas que te resultan difíciles. El resultado de la práctica es incluir a todos los seres, extendiendo el círculo de la compasión en todas direcciones, sin prejuicios ni preferencias.

Para comenzar esta meditación, establece una motivación positiva con la mente de *bodhichitta*. Piensa lo siguiente: «Estoy meditando no solo por mí, sino para ayudar a todo el mundo a aprovechar su naturaleza búdica con el fin de que pueda prosperar y florecer de verdad». Aquí y más abajo, siéntete libre de sustituir cualquier palabra, imagen o frase que te alcance, pero comprueba si realmente puedes abrir tu corazón y formar una motivación altruista.

El *tonglen* tiene sus raíces en el amor y la compasión, e implica imaginar que estás enviando felicidad y bienestar a los demás y asumiendo su sufrimiento.

- Para empezar, comprueba si puedes entrar en un estado de presencia sin esfuerzo intencionado. Si no estás seguro de lo que eso significa, siéntate y descansa la mente durante unos instantes. Permite que todo lo que ocurra en tu interior y a tu alrededor se desarrolle de forma natural. No necesitas cambiar, arreglar ni mejorar nada. No necesitas alcanzar ningún estado mental especial. Tan solo permanece aquí, plena y completamente, en este momento.
- A continuación, tómate un momento para imaginar a alguien a quien aprecias, o incluso a una mascota, que pueda estar pasando por un mal momento o luchando, e imagínatelo aquí, en tu presencia. Siente la conexión que compartís, el cariño y la preocupación que sientes por esa persona.

- Al espirar, imagina que les envías todo lo positivo que puedas imaginar, incluso tu propia felicidad, alegría, buena salud y circunstancias positivas. Imagina esto en forma de luz pura y envíales todas estas cosas buenas cada vez que espires.
- Mientras inspiras, imagina que les estás liberando de sus problemas, su estrés, su sufrimiento y, a un nivel más profundo, de cualquier cosa que pueda estar obstaculizando su camino espiritual o incluso su despertar. Si te sientes especialmente valiente, puedes imaginar que te llevas todo su sufrimiento hacia ti en forma de vapor impuro o humo.
- Espira y envía felicidad.
- Al inspirar, alivia su sufrimiento.
- Usa tu imaginación mientras expresas amor y compasión de esta manera. Poco a poco, puedes cambiar a otras personas, incluso a personas que no conozcas. Si te sientes especialmente valiente, medita sobre personas que te resulten difíciles. Imagina que, al espirar, les envías todo lo bueno que se te ocurra y, al inspirar, les liberas del sufrimiento.
- Por último, deja caer todas las barreras a tu amor, tu bondad y tu compasión, e imagina que estás enviando felicidad en todas direcciones a todas las formas de vida con cada espiración. Con cada inspiración, estás aliviando el sufrimiento del mundo entero. Permítete sentir la confianza de que realmente puedes tener este impacto positivo en el mundo.
- Para concluir, vuelve a entrar en un estado de presencia inintencionada. Tu mente está siempre consciente, siempre abierta. Este espacio interior de conciencia siempre forma parte de tu ser, como el tesoro que hay bajo tus pies. Reconócelo y descansa en esta conciencia abierta, espaciosa e inintencionada.

Como puedes ver, el *tonglen* va totalmente en contra de nuestra forma de vida habitual. La mayor parte de nuestro tiempo y nuestra energía se dedica a satisfacer nuestras necesidades y a evitar todo aquello que pueda causarnos dolor, incomodidad y sufrimiento. Aquí, nos movemos exactamente en la dirección opuesta: nos imaginamos renunciando a todo lo positivo y asumiendo el sufrimiento del mundo.

Recuerdo perfectamente la primera vez que oí hablar de esta meditación y que pensé lo siguiente: «¿He oído mal? Me pareció que decía que debía espirar felicidad e inspirar sufrimiento. A lo mejor se ha expresado mal o algo así. No puede ser cierto». Pero lo es.

Aunque pueda parecer contradictorio, cuando lo hacemos, nos da una alegría y una confianza tremendas. Enviar a los demás todo lo que deseamos y apreciamos nos enriquece. Por mucho que nos imaginemos compartiendo y dando, vemos que hay una parte de nosotros que está fundamentalmente entera y completa. Nunca puede agotarse. Del mismo modo, cuando imaginamos respirar el sufrimiento, desalojamos todo nuestro miedo y resistencia a las cosas aterradoras de la vida. Cuando dejamos de huir y decidimos enfrentarnos a todos los monstruos y demonios del *samsara*, empezamos a sentir la confianza de que tal vez podamos manejarlos; y lo que es más importante, nos centramos en el bienestar de los demás. Así que todos ganamos: nos sentimos fuertes y enriquecidos, y también estamos preparados y dispuestos a ayudar a los demás cuando llegue el momento.

Práctica: explorar el vacío

> «Sabiduría significa que vemos las cosas como realmente son. Comprendemos las cosas con claridad, sin distorsiones. Cuando observamos la sabiduría y la vacuidad, no se trata de algo frío y remoto. Esta conciencia abierta y espaciosa lo contiene todo».
>
> Jetsunma Tenzin Palmo

En el Mahayana, también encontramos prácticas que exploran la vacuidad. Estas prácticas suelen pertenecer a la categoría de meditación analítica, una forma importante de meditación de introspección. La meditación analítica examina e investiga la experiencia para ayudarnos a entrar en contacto con la realidad: la verdadera naturaleza de nuestra mente, del mundo y de toda experiencia. En lo que respecta a la vacuidad, la idea básica es que la apariencia de las cosas es muy diferente de su verdadera naturaleza. Las cosas parecen sólidas e inmutables, pero no lo son. Cuando utilizamos la meditación analítica para explorar el principio de la vacuidad, vemos más allá del aspecto superficial de las cosas para entrar en contacto con la naturaleza abierta, fluida y onírica de la realidad.

- Empieza por establecer una motivación positiva para tu práctica.
- Piensa: «Voy a meditar para ayudar a todos los seres a descubrir su verdadera naturaleza y la naturaleza de la realidad. ¡Que esto ayude a todos los seres a florecer de verdad!».
- A continuación, suéltate y descansa en la conciencia abierta

e inintencionada durante unos instantes. Abandona la energía del «hacer» de tu vida y permítete simplemente ser.

- Mientras descansas con una sensación de presencia inintencionada, hazte consciente de tu cuerpo. Observa la solidez del cuerpo. Siente la atracción de la gravedad.
- Ahora, hazte consciente del cuerpo y percibe cualquier sensación. Puede que sientas el movimiento del cuerpo al respirar o quizás hormigueos o vibraciones en las manos o en otras zonas. Puede haber tensión o incomodidad. Explora todo esto con curiosidad y apertura.
- Observa cómo estos sentimientos y sensaciones son dinámicos, se mueven y cambian constantemente. Al principio, el cuerpo parece muy sólido, pero ahora fíjate en todo el movimiento y el cambio. Tan solo, sé consciente de ello.
- A continuación, profundiza aún más. Explora una pequeña parte del cuerpo con un poco más de precisión. Observa las sensaciones y sigue mirando. ¿Puedes sentir una sensación de apertura dentro de la cual se producen las sensaciones? Si es así, obsérvala. Observa si puedes percibir una sensación de amplitud o apertura en tu cuerpo.
- Si vislumbras esa apertura, déjate llevar y descansa en esa sensación. Si no, sigue explorando las sensaciones cambiantes y en movimiento que encuentres.
- Para terminar, abandona la exploración y descansa de nuevo en la conciencia abierta. Sé el cielo abierto de tu experiencia interior y deja que todas las nubes de tus pensamientos, emociones y percepciones fluyan sin necesidad de centrarte en ellas ni de hacer nada con ellas.

Se podría pasar toda una vida explorando las múltiples dimensiones de la experiencia del momento presente en la meditación. Las prácticas analíticas del Mahayana nos abren lentamente a la naturaleza onírica de nuestra experiencia y nuestras percepciones. Con el tiempo, la forma en que nos percibimos a nosotros mismos, a los demás y al mundo empieza a cambiar y a ampliarse. Empezamos a ver que, por debajo de todos los cambios de la vida, todo está simplemente abierto.

Ver la apertura básica de la realidad puede sonar bien, pero muchos meditadores experimentan miedo, ansiedad y resistencia cuando entran en contacto con la vacuidad. Al enseñar meditación, he oído a muchas personas decir que sentían, por ejemplo, como si estuvieran «perdiendo» su sentido del yo de una forma que les producía miedo. Tocar la vacuidad puede ser incómodo, pero esta incomodidad es en realidad una muy buena señal. El miedo surge porque estamos empezando a ver a través de las limitaciones de nuestro sentido habitual del yo. Esto puede dar miedo al principio. Aún no hemos entrado en contacto con lo que hay al otro lado de nuestro miedo: la vasta extensión de nuestra verdadera naturaleza, el espacio básico de la vacuidad. Y aunque es una fuente de bienestar infinito, aún no estamos familiarizados con este nuevo terreno. Al mismo tiempo, nuestro rígido sentido del yo puede causar un sinfín de problemas y sufrimientos, pero también nos resulta familiar.

A Mingyur Rinpoche le gusta decir que la meditación es como poner fin a una relación disfuncional con nosotros mismos. La mayoría de nosotros sabemos lo que es estar atrapado en una relación malsana. Incluso cuando sabemos que la relación está estancada o es tóxica, es posible que permanezcamos en ella solo porque nos resulta familiar y el cambio resulta amenazador. Dar un paso hacia lo desconocido siempre asusta, incluso cuando estamos dejando atrás algo que crea sufrimiento.

El vacío nos invita a mirar a los ojos a la incertidumbre. Así que, si surge miedo o resistencia, tómate tu tiempo. Aléjate de la meditación si te resulta demasiado abrumadora. En estos casos, las prácticas centradas en la bondad y la compasión pueden ser realmente útiles. Hagas lo que hagas, recuerda que el miedo en la meditación no es un fracaso, sino una reacción normal y saludable en el camino. Muy a menudo, justo al otro lado del miedo, se encuentra el entendimiento.

La aplicación: las seis *paramitas*

> «El resultado del aprendizaje, la contemplación y la meditación debe ser un aumento constante y real del amor y la compasión de la *bodhichitta*, junto con una disminución constante y real del apego al ego y del pensamiento negativo».
>
> PATRUL RINPOCHE

La meditación en el Gran Vehículo nos lleva más allá de la fluidez y el cambio que encontramos en las prácticas del Vehículo Fundacional. Las prácticas *mahayana* nos ponen en contacto con la apertura de la vacuidad y la plenitud de nuestra naturaleza búdica. Y todas estas prácticas y enseñanzas están impregnadas de la motivación compasiva de la *bodhichitta*.

Pero ¿cómo vivir nuestra vida de forma que exprese estas cualidades?

El aspecto de la vida cotidiana del Mahayana se comunica a través de un conjunto de principios conocidos como las seis paramitas. Las seis paramitas nos muestran cómo trasladar la compasión y la sabiduría a nuestra vida cotidiana, desde cómo interactuamos con nuestras familias en la mesa hasta cómo nos relacionamos con los demás en un autobús urbano.

La palabra *paramita* significa «perfección» o «trascendente» y se refiere a algo que ha alcanzado un punto de culminación. Las seis paramitas son la generosidad, la conducta ética, la paciencia, la diligencia, la meditación y la sabiduría. Se han escrito libros enteros sobre las paramitas, que pueden constituir toda una vida de estudio y práctica. Aquí solo ofrezco una visión de lo que implica cada una.

1. La generosidad es la práctica de tener una actitud generosa hacia el mundo. Esto incluye el acto físico de dar y, lo que es más importante, la actitud interior de dar. Cultivamos una mentalidad no apegada, reconociendo que todos tenemos una abundancia de riqueza interior que nunca puede agotarse.
2. La conducta ética es la práctica de ser sensibles a cómo nuestras acciones afectan a otras personas y, lo que es igual de importante, cómo afectan a nuestro propio estado mental. En esta práctica, nuestro objetivo es evitar los comportamientos que crean dificultades y sufrimiento a los demás y, en su lugar, trabajar activamente en su beneficio. La conducta ética, desde una perspectiva budista, no consiste solo

en seguir todas las reglas. Se trata de ser profundamente sensibles a los efectos dominó que nuestros pensamientos, palabras y acciones tienen sobre nosotros mismos y sobre los demás.

3. La paciencia es la práctica de la ecuanimidad. ¿Cómo podemos entrenarnos para evitar perder el equilibrio cuando nos encontramos con una adversidad, ya sea cuando otra persona nos lo haga pasar mal, o se trate de un desafío que proviene de nuestra propia experiencia? Esta paramita se refiere a la capacidad de soportar todos los altibajos de la vida y de mantener los pies en la tierra cuando las cosas se ponen difíciles.
4. La diligencia es un esfuerzo gozoso. Esta paramita no consiste en apretar los dientes y ponerse a hacer cosas difíciles. Más bien, se trata del deleite y la inspiración para hacer cosas virtuosas. Es el compromiso de avanzar hacia acciones beneficiosas porque vemos su potencial transformador para nosotros mismos y para los demás.
5. La meditación es el proceso de estabilizar la mente, de perfeccionar nuestra capacidad de dirigir los movimientos de la atención en lugar de dejar que los vientos de la vida nos lleven de un lado a otro. En la práctica, esto implica entrenar la mente a través de un suave proceso de dirigirla hacia una experiencia como la respiración o descansar en la conciencia misma hasta que se tranquilice y se torne flexible y estable.
6. La sabiduría es el arte de ver la realidad tal y como es. Nos formamos para examinar cómo nuestras creencias, suposiciones y expectativas moldean y distorsionan la forma en que vemos las cosas, especialmente la forma en que nos

percibimos a nosotros mismos. A medida que disminuye el control que ejercen sobre nosotros, poco a poco vamos comprendiendo que las cosas siempre cambian (impermanencia) debido a una compleja constelación de causas y condiciones (interdependencia), y nos damos cuenta de la naturaleza inasible y onírica de la experiencia (vacuidad).

Aunque estos seis principios se refieren a acciones y actividades, sobre todo apuntan a estados mentales internos. La generosidad, por ejemplo, suele evocar imágenes de ofrecer comida o dinero a alguien que lo necesite. Actuar es una parte vital del proceso, sin duda, pero más importante que la acción física es el estado mental que da lugar a la acción. Por ejemplo, un acto de generosidad puede estar motivado tanto por el orgullo o el deseo como por la compasión. Cuando experimentamos la generosidad como un estado mental, nos sentimos enriquecidos y, al sentirnos llenos en lugar de vacíos, somos capaces de soltar y compartir.

Pondré un ejemplo de mi propia vida. Llevo veinte años trabajando con organizaciones sin ánimo de lucro, y una de mis principales funciones ha sido recaudar fondos para apoyar sus actividades. Antes de una de mis primeras reuniones de recaudación de fondos con algunos donantes potenciales, llegué con tiempo a la cita y me encontré esperando en mi coche, en la calle, frente a su casa. Tenía unos minutos, así que decidí sentarme a meditar. Enseguida me di cuenta de que sentía un fuerte deseo de que esta pareja contribuyera con un gran donativo. No pensaba en ellos ni en sus necesidades, solo en las mías y en las de la organización a la que representaba. Al percatarme de ello por primera vez, me pregunté: «¿Quiero tratar a estas personas como si fueran un talonario de cheques? ¿Me parece bien? ¿Será hábil? ¿Será lo mejor para ellos o para nosotros?». La respuesta fue claramente negativa.

Entonces utilicé la técnica que he mencionado antes. Cambié la narrativa en mi mente, pasando de una que tenía por objeto satisfacer mis propias necesidades a otra de servicio, sin esperar un resultado en particular. Pensé: «Que lo que ocurra en esta reunión sea beneficioso para esta pareja. Que les ayude a prosperar y a liberarse del sufrimiento. Que lo que ocurra entre nosotros ayude también a los demás. Que los efectos de este encuentro y de nuestra conexión se extiendan para ayudar a todos los seres a descubrir su naturaleza búdica». Estos pensamientos me provocaron una oleada de inspiración. Me sentí tranquilo y confiado. Continué reflexionando: «Si es mejor para ellos y para todos los seres que no nos den ni un céntimo, que así sea. Si es más beneficioso para ellos hacer la mayor donación posible, que así sea también. Pase lo que pase, que sea precisamente lo que nos permita hacer del mundo un lugar mejor y aliviar el sufrimiento como podamos».

Este proceso en mi meditación duró solo unos instantes, pero cambió por completo mi actitud. Resultó que la pareja acabó apoyando a la organización y sigue haciéndolo hasta el día de hoy, pero, aunque no lo hubieran hecho, yo habría reaccionado de forma muy distinta si hubiera empezado la reunión esperando un resultado concreto.

Al vivir las paramitas, actualizamos la naturaleza búdica que todos poseemos. Difundimos y compartimos esa parte de nosotros con los demás y también la vemos en ellos. Ayudamos a los demás a acceder a ella. La *bodhichitta* se convierte no solo en una práctica, sino en una forma de vida.

La culminación: encontrar el nirvana dentro del *samsara*

> «Todas las prácticas budistas son métodos de transformación. Cuando se aplican correctamente, pueden transformar a una persona ignorante en alguien poseedora de sabiduría. La palabra *transformación*, tal como se utiliza aquí, significa un cambio revolucionario dentro de un ser individual, pero que no cambia la naturaleza esencial de ese ser. Saca a la luz la naturaleza esencial. La práctica budista es un proceso de transformación a través de la purificación que saca lo mejor de lo que ya existe».
>
> TAI SITU RINPOCHE

El camino de la sabiduría y la compasión implica una exploración profunda de la mente y de la naturaleza de la realidad, así como una apertura del corazón tal que no excluyamos a ningún ser vivo de nuestro círculo de compasión. Finalmente, este proceso alcanza un punto culminante, una experiencia de profunda percepción y compasión que lo abarca todo. En el enfoque Mahayana, esta realización final del camino es el estado de budeidad completa.

Como vimos con el Vehículo Fundacional, el nirvana puede enmarcarse como un estado de cese o extinción. Todo el proceso del *samsara* llega a su fin, como la llama de una vela apagada por el viento. Todo el apego, la aversión y la ignorancia, todo el sufrimiento natural y autocreado –todo el juego– simplemente se detiene.

En el Mahayana, el nirvana no se ve como un mero cese, sino como algo que podemos experimentar dentro del *samsara*, como una experiencia encarnada. Una frase común en la tradición Mahayana es «la unión de *samsara* y nirvana». Se refiere a la idea de que, cuando realizamos plenamente nuestra propia naturaleza búdica y de la vacuidad, ya no nos afecta el sufrimiento aunque nuestra existencia en el mundo continúa.

Según el pensamiento budista, el apego, la aversión y la ignorancia hacen girar la rueda del *samsara*. Estos factores nos impulsan hacia nuevos estados de existencia y preparan el terreno para el sufrimiento y la insatisfacción crónica que plagan nuestra existencia. Sin embargo, cuando nos damos cuenta de la vacuidad, la ignorancia se transforma en sabiduría, y esto pone en marcha una reacción en cadena que disuelve el sufrimiento y todas sus causas.

No obstante, nuestra existencia no cesa. La sabiduría y la compasión sustituyen a nuestros confusos estados mentales y emocionales. Vemos la apertura y el potencial infinito de cada experiencia. Al mismo tiempo, vemos el sufrimiento de los demás y continuamos manifestándonos en el mundo para ayudar a otros a encontrar la salida del laberinto del *samsara*. Como una prístina flor de loto que crece del barro, permanecemos en el mundo sin perder el contacto con la pureza innata de nuestra naturaleza búdica.

6. El Vehículo Vajra

Ya despierto

> «Lo que hace que nuestro nacimiento sea tan valioso es nuestro potencial para el despertar. Nacemos budas, y todas las prácticas del Dharma nos ayudan a reconocer y alimentar esta verdad. Puesto que en realidad no creemos en nuestra propia capacidad de despertar, estas enseñanzas trabajan para invertir la tendencia a vernos a nosotros mismos como insuficientes».
>
> YONGEY MINGYUR RINPOCHE

En el Tíbet del siglo XIX, había un gran maestro de meditación y erudito llamado Patrul Rinpoche que vivía como un mendigo sin hogar, vagando de un lugar a otro. A menudo se quedaba en cuevas en lo profundo de las montañas para meditar. En cierta ocasión, viajó a una cueva situada sobre el monasterio de Dzogchen, uno de los centros monásticos más importantes de su linaje, para meditar con uno de sus principales alumnos, Lungtok Tenpey Nyima. Lungtok había estudiado budismo y meditado durante años, pero aún no había experimentado directamente su propia naturaleza búdica, o «conciencia pura», como se denomina en su tradición.

Una noche, Patrul Rinpoche llamó a su alumno fuera de la cueva, a una zona cubierta de hierba donde solían sentarse a meditar.

–Lungtok –le dijo–. ¿No me has dicho que aún no has reconocido la naturaleza de tu mente?.

–Sí –respondió Lungtok–. Es cierto. He meditado y estudiado, pero aún no lo he experimentado.

–No te preocupes. En realidad es muy sencillo. Ven aquí y túmbate.

Lungtok se tumbó en la zona de hierba cercana y contempló el cielo nocturno sobre la meseta tibetana. Las estrellas parecían joyas brillantes en el firmamento. Podía sentir una suave brisa contra su piel y oír a lo lejos los ladridos de los perros del monasterio.

–¿Ves las estrellas brillar en el cielo? –preguntó Patrul Rinpoche.

–Sí –respondió Lungtok.

–¿Oyes ladrar a los perros?

–Sí, los oigo.

–Bueno, pues eso es. Eso es conciencia pura. ¡Reconócelo!

Lungtok miró a las estrellas. Escuchó a los perros ladrar. Y en ese momento, toda su confusión y dudas se desvanecieron. Por primera vez, se encontró cara a cara con su propia naturaleza búdica.

Esta historia del momento de realización de Lungtok Tenpey Nyima puede parecer simplista. Es solo un tipo mirando al cielo nocturno y escuchando a los perros. ¿Cuál es el problema? Pero hay que tener en cuenta que Lungtok no era un cualquiera. Era un monje budista que llevaba años completamente inmerso en su entrenamiento, estudiando con uno de los más grandes maestros de meditación de su época. Lo que ocurrió aquella noche fuera de la cueva no fue una simple experiencia de atención plena; fue un momento que cambió el paradigma y su vida.

El Vajrayana, o Vehículo Vajra, se basa en la idea de que el despertar no es una meta o un destino que alcanzamos al final de nuestro viaje. Más bien, el despertar es la verdadera naturaleza de nuestra mente en este momento y en todos los momentos. La premisa del Vajrayana es que el camino es un proceso de exploración y autodescubrimiento. El despertar no es un estado mental especial que haya que adquirir o cultivar, sino algo que hay que reconocer y con lo que hay que familiarizarse.

El budismo Vajrayana se encuentra por todo el Tíbet y las regiones del Himalaya, así como en China y Japón. El Vehículo Vajra es quizás el más colorido de los tres vehículos. Algunas personas incluso describen sus prácticas como salvajes y esotéricas. Sus enseñanzas son amplias y variadas: desde instrucciones sobre el uso de la respiración y las posturas físicas para acceder a las energías sutiles del cuerpo hasta elaborados ejercicios de visualización que aprovechan el poder de la imaginación. Hay prácticas de meditación para trabajar con el estado onírico, con el proceso de morir y con las poderosas energías sexuales del cuerpo y la mente. Esta diversidad de técnicas de meditación coincide con la amplia gama de experiencias humanas que todos tenemos. De hecho, a pesar de su reputación esotérica, el Vehículo Vajra nos ayuda a experimentar el Dharma en el más humano de los niveles.

Lo que diferencia al Vehículo Vajra de los Vehículos Fundacional y Mahayana es su franqueza. En el Tíbet, a menudo se le denomina el «camino rápido» porque nos pone cara a cara con nuestra propia naturaleza despierta. La palabra *vajra* significa «indestructible» e «inmutable», en referencia a la naturaleza búdica despierta que subyace a toda experiencia. La idea central es que no hay ninguna experiencia que podamos tener –por oscura, perturbada o neurótica que sea– que pueda empañar la prístina y luminosa claridad de la mente. Y porque la verdadera naturaleza de nuestra mente no puede ser perturbada por nuestros pensamientos, emociones e impulsos, la naturaleza pura de la mente está siempre disponible para nosotros.

La primera vez que experimenté realmente este enfoque directo fue durante mis primeros años como estudiante del Dharma. En la década de 1990, cuando estudiaba budismo en la Universidad Naropa, todos los estudiantes debían realizar un retiro de meditación de un mes de duración. Yo, que ya era un devoto practicante de meditación, estaba eufórico. Me planteé hacer un postgrado durante unos años, pero no me interesaban los estudios áridos e intelectuales. Quería algo que enriqueciera mi práctica. La idea de que podía obtener un máster y hacer un retiro de meditación como parte del programa fue lo que me inspiró a ir a Naropa en primer lugar.

Cuando llegó el momento de programar los retiros, casi todos los de nuestro programa se apuntaron para pasar un mes en un conocido y hermoso centro de retiros de montaña a unos 160 kilómetros de la universidad. Yo estaba a punto de apuntarme cuando, de repente, me di cuenta de que, por la misma cantidad de dinero, podía conseguir un billete de avión a Myanmar y pasar el mes en un monasterio de allí. En cuestión de semanas, estaba en un avión rumbo a Myanmar, donde acabé instalándome en un monasterio a las afueras de Yangón, la antigua capital.

Me hacía ilusión estar en el contexto de un retiro en grupo guiado por un maestro. Pero enseguida me di cuenta de que nadie más practicaría conmigo: había llegado entre retiros. Había un maestro con el que podía registrarme, pero no había otros monjes ni monjas, ni tampoco otros practicantes laicos. Solo estaba yo, solo en una gran sala de meditación vacía, día tras día.

Cada día me levantaba sobre las cinco de la mañana con el sonido de una campana. Me alojaba en una habitación espartana, sin nada más que una cama con un colchón que parecía más bien una manta gruesa. Había un baño compartido, pero, como no había más estudiantes en ese momento, tenía todo el lugar para mí solo. Incluso comía solo. Meditaba doce horas al día, con muchos paseos entre meditación y meditación, y solo ingería un desayuno sencillo y un almuerzo sencillo, sin cena. Por suerte soy una persona introvertida, así que no me importaba la soledad. Pero era extraño meditar yo solo en un espacio claramente diseñado para cientos de personas.

Cada pocos días me reunía con el profesor de meditación, que me enseñó una sencilla técnica de meditación centrada en hacerme consciente de las sensaciones del cuerpo escaneándolo de arriba abajo, práctica que en los círculos contemporáneos de atención plena llamamos meditación de «exploración corporal».

Ya había hecho esta práctica antes, pero solo durante breves periodos en mi práctica diaria normal. En este retiro, exploré mi cuerpo sin parar durante todo el día, incluso mientras comía o hacía meditación caminando. Fue mucho más intenso que todo lo que había hecho antes.

Me encantaría decir que me convertí en un prodigio de la meditación y que tuve todo tipo de revelaciones y epifanías, pero la realidad es que me costó muchísimo. Desde el primer día, quería salirme de la piel; apenas podía estarme quieto. Experimenté grandes oleadas de dolor físico. El dolor de rodillas y de espalda llegó a ser tan intenso que parecía que me ardía todo el cuerpo.

Si no hubiera estado en un país lejano, estoy seguro de que habría abandonado el retiro. Pero estaba atascado, así que me quedé sentado con el cuerpo dolorido y dolorido.

A lo largo de los años había recibido muchas enseñanzas sobre cómo afrontar el dolor en la meditación: sé consciente de él. No luches contra la experiencia. Permanece abierto y acepta lo que ocurra. Hice todo lo que pude por seguir las instrucciones, pero seguía sintiéndome mal. Me invadía la aversión al dolor y sentía mucha frustración. No podía creer que hubiera hecho todo el camino hasta Myanmar sin obtener resultados tangibles. Mi meditación parecía más distraída y neurótica que nunca. Hora tras hora, día tras día, me sentaba con este remolino tóxico de dolor físico y reactividad emocional. Esto duró semanas.

Un día, en medio de una larga sesión de meditación, ocurrió algo. El dolor de rodillas era muy intenso ese día, así que, mientras recorría mi cuerpo, hice una pausa y me limité a observar el dolor, como hacía normalmente. Y, como de costumbre, experimenté una intensa aversión hacia él. Sabía que podía levantarme cuando quisiera y el dolor cesaría, y saber eso también me resultaba doloroso. La aversión y la duda eran como una llama que me quemaba por dentro.

De repente, el dolor físico empezó a aumentar. Primero en las rodillas, y luego empezó a extenderse. No pasó mucho tiempo antes de sentir que me ardía todo el cuerpo. Mi reacción fue de total resistencia. Seguía allí sentado, pero no experimentaba ninguna apertura ni aceptación. No podía soportar lo que me estaba pasando, y esa resistencia era como echar leña al fuego.

Entonces, en medio de toda la agonía, recordé una sencilla enseñanza de la tradición Vajrayana:

El despertar está presente en cada experiencia. La claridad radiante de la conciencia pura es indestructible. Ningún dolor físico puede perturbarla. Ninguna reacción emocional puede empañarla. Todas estas experiencias desafiantes no son obstáculos ni barreras. No son venenos que deban extraerse de la mente. Son puertas de entrada. Cambia tu perspectiva y encontrarás tu naturaleza búdica en el dolor y en tus pensamientos y emociones.

Al recordar esto, en un solo instante, la tensión de mi mente se quebró. Había sido tan intensa, durante tanto tiempo, que al final la presión fue excesiva. Era como un enorme globo inflado, y el poder de este cambio de perspectiva fue como un alfiler.

Mi dolor no desapareció. La sensación de estar siendo incinerado desde dentro seguía ahí, tan intensa como antes, tal vez incluso más. Y toda mi resistencia, miedo, aversión y dudas también estaban ahí. Tenía las mismas sensaciones, sentimientos y reacciones que había tenido durante semanas.

Pero, de algún modo, nada me dolía. Por primera vez, vi que el dolor y el sufrimiento no son lo mismo. Con ese cambio, las experiencias continuas de dolor y aversión pasaron a ser pequeñas e insignificantes, como si no fueran más que pequeñas nubes que atravesaban la vasta extensión del cielo. El avance consistió en ver de primera mano que el despertar no es lo que ocurre cuando por fin nos libramos de todos nuestros demonios interiores. El camino del despertar no es un programa de superación personal en el que eliminamos nuestras tendencias neuróticas una a una. Al contrario, el despertar es lo que ocurre cuando exploramos a fondo todos los rincones oscuros de la mente y llegamos a ver que la conciencia, la compasión y la sabiduría están ahí en la oscuridad, al igual que la luz. Donde no hay venenos, no hay necesidad de antídotos.

La visión: la culminación es el camino

> «Hasta ahora has estado vagando por los tres reinos del *samsara*, experimentando un sufrimiento inconcebible. ¿Por qué? Porque aún no has comprendido la verdadera naturaleza de tu propia mente».
>
> MINGYUR PALDRON

Mi experiencia de un mes en el monasterio fue un punto de inflexión en mi práctica espiritual. Me ayudó a ver que las cosas a las que me resistía en mi vida podían ser puertas a la comprensión más profunda de mi propia capacidad de conciencia, compasión y sabiduría. Mi sufrimiento físico, al igual que la ansiedad al principio de mi viaje, se convirtió en mi maestro, en mi vehículo para la comprensión.

En el Vehículo Vajra, la idea de que el despertar está plenamente presente en cada momento de la experiencia se denomina «tomar la culminación como camino». Esto contrasta con el enfoque de los Vehículos Fundacional y Mahayana, de los que se dice que «toman la causa como el camino».

Me explico. Cuando la mayoría de nosotros oímos hablar del despertar, de la iluminación o incluso de nociones menos exaltadas, como estar contento o ser feliz, estas cosas suenan como experiencias agradables que podríamos tener en el futuro si tenemos suerte. Entonces emprendemos el camino para acercarnos a esas experiencias. Quizá meditemos. Tal vez intentemos ser más bondadosos y compasivos. Hacemos estas cosas con la idea de que nos ayudarán a alcanzar nuestra meta, a lograr la fructificación de nuestro viaje. En otras palabras, vemos el camino como el establecimiento de «las causas para un futuro despertar».

Este enfoque causal es el que encontramos en los Vehículos Fundacional y Mahayana. En estos caminos, calmamos la mente mediante la meditación de la tranquilidad, examinamos la experiencia mediante la meditación de introspección y abandonamos los comportamientos y estados mentales malsanos para cultivar los positivos. La idea es que cuanto más practiquemos, más nos acercaremos a la realización, el estado de despertar.

El Vajrayana es un enfoque de culminación o realización, por lo que su punto de vista es muy diferente. La culminación del camino no es un objetivo lejano que podamos alcanzar en algún momento indefinido del futuro. El despertar es lo que somos ahora mismo. Así que, en este enfoque, el «camino», si es que se le puede llamar así, es simplemente el proceso de aprender a reconocer nuestra verdadera naturaleza aquí, en el momento presente. El camino no conduce a una realización futura. El estado de realización del despertar *es* el camino.

Cuando se trata de la práctica de la meditación y de cómo nos relacionamos con nuestra experiencia en cada momento, la diferencia entre los enfoques causal y de culminación es profunda. Por ejemplo, mi experiencia en el monasterio. Aunque lo había oído todo sobre el enfoque del Vehículo Vajra, mi comprensión era solo intelectual. Cuando realmente meditaba, no me relacionaba con mi experiencia de esa manera. Veía mi dolor físico como una barrera para mi progreso en el camino, como si solo pudiera avanzar una vez que me deshiciera de él. Lo mismo sentía hacia mis estados mentales y emocionales: mi aversión y mi miedo no eran más que más obstáculos, más pruebas de que estaba a años luz del despertar… significara lo que significara.

Cuando mi perspectiva cambió, comprendí que ninguna de estas experiencias eran problemas u obstáculos. Empecé a ver que en realidad eran pruebas de mi naturaleza búdica, no capas de basura que la encubrían. Esto no es difícil de entender intelectualmente, pero déjame decirte que experimentarlo de verdad es otra cosa. Para la mayoría de nosotros, ver nuestro propio cuerpo, mente, emociones y vida como el colorido despliegue de nuestra naturaleza búdica va completamente en contra de la corriente. Puede que consideremos la idea como una teoría o que nos inspire leer sobre la vida de otra persona, pero cuando nos enfrentamos al desamor, a la pérdida y a la larga lista de nuestros defectos y fallos personales, no es tan fácil.

Una de las mejores explicaciones de la visión Vajrayana que he oído fue la ofrecida por Mingyur Rinpoche. En una de sus giras de enseñanza, pasaba por Mineápolis y decidió hacer una visita sorpresa al grupo de meditación local. Fue encantador. Todo el mundo había estado leyendo sus libros y siguiendo sus enseñanzas, así que, en cuanto la gente se enteró de que venía, la sala bullía de energía.

Esperaba que diera algunas instrucciones básicas de meditación, pero se lanzó a hablar sobre el odio hacia uno mismo. En lugar de hablar de lo destructivo que puede ser odiarse a uno mismo o de cómo deshacerse de una emoción tan tóxica, su explicación se basó en la sabiduría abierta de la visión Vajrayana.

–El odio hacia uno mismo –dijo– es una poderosa señal de bondad básica.

Aún recuerdo el silencio que se hizo en la sala cuando dijo aquello. Se podría haber oído caer un alfiler.

–Pensad en ello –continuó–. ¿Por qué a veces nos odiamos a nosotros mismos? ¿No es porque no queremos sufrir? ¿Porque vemos otra posibilidad, pero no sabemos cómo llegar a ella? Pues bien, ese deseo de liberarnos del dolor y el sufrimiento es compasión. Si nos pareciera bien sufrir, no experimentaríamos odio hacia nosotros mismos. Precisamente porque no queremos sufrir tenemos esas emociones tan fuertes, así que todas las emociones –incluso el odio hacia uno mismo– tienen su origen en la compasión. La naturaleza misma de todas estas emociones es pura y sana.

Luego pasó a explicar como también podemos encontrar amor y consciencia dentro de emociones desafiantes como el odio hacia uno mismo. Nos ayudó a ver que la energía destructiva de nuestros pensamientos y emociones solo está en la superficie. En el fondo, todas están enraizadas en nuestra naturaleza búdica, y, cuando lo reconocemos, la energía destructiva desaparece.

Mientras compartía todo esto, casi se podía sentir una sensación de alivio en la sala. No todo el mundo lucha contra el odio hacia sí mismo, pero todos luchamos contra algo. Todos podíamos identificarnos.

Aunque Mingyur Rinpoche no mencionó la palabra *vajrayana* aquella noche, todo lo que dijo estaba arraigado en la idea de tomar la fruición como camino. En lugar de enseñarnos a deshacernos de las partes de nosotros mismos de las que huimos, nos dio permiso para abrazarlas –para abrazar toda nuestra experiencia– plenamente. Trazó el camino para que experimentáramos de primera mano la naturaleza despierta dentro de todos nuestros pensamientos y emociones y viéramos que nuestros «demonios» internos no son demonios en absoluto.

Iniciación: la puerta al Vajrayana

> «Reconocer la naturaleza última de la mente es alcanzar el estado de budeidad, y no reconocerlo es hundirse en la ignorancia».
>
> DILGO KHYENTSE RINPOCHE

La visión del mundo del Vehículo Vajra es bastante fácil de comprender, pero no tan sencilla de experimentar. Al igual que con los dos primeros vehículos, existe una serie de métodos prácticos que nos ayudan a cambiar nuestra perspectiva y explorar la visión Vajrayana. Los puntos de entrada a los Vehículos Fundacional y Mahayana son los actos de tomar refugio y el voto del *bodhisattva*, respectivamente. Del mismo modo, el Vajrayana tiene su propia puerta de entrada –la iniciación– que amplía el proceso interior de buscar refugio y tomar el voto del *bodhisattva*.

La iniciación Vajrayana es un ritual meditativo. Antes de entrar en los detalles de la ceremonia de iniciación, retrocedamos un momento y consideremos el papel del ritual en nuestra vida cotidiana.

Lo sepamos o no, nuestras vidas están llenas de rituales y simbolismo. Yo vivo en una ciudad universitaria, así que tomemos la universidad moderna como ejemplo del uso de símbolos. En cuanto pones un pie en un campus universitario, te ves rodeado de imágenes y símbolos que te recuerdan que estás en un lugar de profundo conocimiento y aprendizaje. Los edificios y la arquitectura proyectan un aire de majestuosa autoridad. La gente tiene un aspecto y una forma de comportarse diferentes, desde los estudiantes con los libros bajo el brazo hasta los profesores que debaten sobre los campos que les apasionan. Cada edificio tiene un nombre especial –Bascom Hall, Van Hise Tower, Memorial Union– que hace un guiño al legado histórico de la institución. En el interior, las paredes están llenas de folletos y avisos relacionados con la experiencia estudiantil. Los despachos lucen títulos en sus paredes y estanterías repletas de libros de texto especializados y revistas académicas. Si eres estudiante o formas parte del personal de la universidad, puede que te hayas acostumbrado tanto a todo esto que ya casi ni te das cuenta, pero para los que son completamente nuevos en el mundo académico, pasear por un campus universitario por primera vez puede parecerse mucho a estar en una institución religiosa. Toda la imaginería y el simbolismo que encontramos en una universidad típica pretenden situarnos en una mentalidad particular, reforzando nuestra motivación para profundizar en nuestros conocimientos.

La ceremonia ritualizada de la iniciación Vajrayana desempeña un papel similar, aunque su imaginería y simbolismo no tienen que ver con la erudición, sino con conducirnos a una experiencia directa de nuestra naturaleza búdica. El principio básico que subyace a la ceremonia es la idea de la percepción pura. Desde el momento en que entramos en la sala donde se está llevando a cabo la iniciación, imaginamos que nuestro entorno es un reino puro y que las personas que nos rodean son seres despiertos. Imaginamos a nuestro maestro, el que ofrece la iniciación, como un buda, y a la ceremonia de iniciación en sí como un poderoso ritual destinado a sacarnos de nuestra forma habitual de ver las cosas para que podamos reconocer quiénes somos realmente.

El maestro que imparte la iniciación suele leer una liturgia, un texto ritual que guía a un grupo de estudiantes a través de una serie de visualizaciones, cantos y mantras. Normalmente, se empieza viendo al maestro como un buda viviente, que encarna una cualidad específica como la compasión, la sabiduría o la pureza. Tras tomar refugio y dar lugar a la *bodhichitta*, imaginas que la sabiduría y la realización que ves en el maestro se transfieren a ti, de forma que tú mismo te conviertes en un buda despierto. Las personas que te rodean están haciendo esto contigo, por supuesto, así que hay todo un campo social –desde el maestro hasta tus compañeros de meditación y tú mismo– para reforzar este cambio de perspectiva.

El resultado previsto es una transformación de la forma en que te ves a ti mismo y a tu entorno. En lugar de verte a ti mismo a través de la lente de tus taras y defectos, te imaginas como un buda totalmente despierto, proyectando sabiduría y compasión, y con una capacidad infinita para ayudar a otros seres a liberarse del sufrimiento. Al final del ritual, todos los presentes en la sala han experimentado este cambio en cierta medida. Están un paso más cerca de ver la naturaleza búdica en sí mismos y en todos los demás.

El desarrollo del ritual de empoderamiento pone de relieve una característica importante del enfoque Vajrayana: nos proporciona ideas y métodos que nos llegan donde estamos y comprometen nuestras formas habituales de ver el mundo. A continuación, utiliza esos mismos métodos para transformar rápidamente nuestra perspectiva, de modo que, en el transcurso de unos pocos minutos, nos sacudamos esos viejos hábitos y podamos abrirnos a una forma completamente nueva de ver las cosas. Al principio de la ceremonia de fortalecimiento, por ejemplo, vemos el mundo –incluidos nosotros mismos– de nuestra forma habitual y ordinaria. En términos Vajrayana, estamos viendo a través de la lente de la «percepción impura». El ritual nos guía a través de un proceso paso a paso, utilizando la imaginación, para pasar de una forma de percibir «impura» a otra «pura».

El cambio en nuestra percepción empieza por la forma en que vemos al profesor. Si vemos a esta persona como alguien que ha reconocido su propia naturaleza búdica, eso abre la puerta a que nos demos cuenta de lo mismo en nosotros mismos. Así que empezamos por percibir la posibilidad de despertar encarnada por el maestro que está dando la iniciación. Sin embargo, no se trata de establecer una dinámica de poder rígida. Se trata más bien de captar el potencial de despertar en otra persona para poder verlo en nosotros mismos.

La razón por la que se denomina iniciación es que, al recibirlo, se nos dan las claves para acceder a nuestra propia naturaleza búdica. El maestro no nos transmite ningún poder místico, sino que simplemente nos ofrece los medios para reconocer lo que siempre hemos tenido. El maestro no es más que un catalizador.

El principio del gurú

> «Este excelente camino, inconfundible en cuanto a causa
> y resultado, proviene de seguir a los verdaderos maestros».
>
> LONGCHENPA

Cuando conocí el budismo Vajrayana, tuve una fuerte reacción negativa a todos los rituales e imágenes exóticas y, sobre todo, a la idea de tener un gurú. Era alérgico a cualquier atisbo de religión organizada, especialmente a las tradiciones que parecían tener una fuerte jerarquía y muchos rituales que me parecían vacíos. Mi reacción fue tan intensa que hasta seis o siete años después de empezar a meditar no me abrí a conocer esta tradición.

Mi actitud cambió cuando conocí por primera vez a unos cuantos maestros de meditación tibetana. Estaba estudiando un máster en la Universidad Naropa, y tuve la increíble suerte de tener a Dzogchen Ponlop Rinpoche como profesor en uno de mis primeros cursos. Por esa misma época, también conocí a Khenpo Tsültrim Gyamtso Rinpoche, que era el maestro de Ponlop Rinpoche. Estas dos personas extraordinarias fueron una inspiración increíble para mí. Eran amables y profundamente afectuosos, pero también divertidos y juguetones. Eran sabios más allá de las palabras y mostraban lo que parecía ser una comprensión enciclopédica del budismo arraigada en una profunda experiencia personal. Sobre todo, eran maestros realmente dotados con el equilibrio justo de compasión y carisma. El mero hecho de estar cerca de ellos parecía acelerar mi viaje espiritual.

Otra persona que conocí en esa misma época fue el padre Thomas Keating, un monje cristiano de la tradición trapense de Thomas Merton. Solo vi al padre Keating una vez, pero tuvo un efecto similar en mí. Irradiaba bondad. El mero hecho de estar cerca de él me hacía sentir como en un cálido abrazo de amor puro e incondicional. En conjunto, conocer a estas figuras más grandes que la vida me abrió los ojos al poder de tener un guía espiritual. Seguía siendo alérgico a la palabra *gurú*, pero mi actitud empezó a cambiar poco a poco. Empecé a estudiar bajo la guía de Ponlop Rinpoche, que se convirtió en mi primer maestro budista.

Conocer a estos maestros encarnados me ayudó a ver que mi resistencia inicial a la idea de un gurú se basaba en un simple malentendido. Había supuesto erróneamente que la relación entre el gurú y el alumno era una relación en la que el alumno cedía todo su poder. Lo que no entendí en absoluto es que el objetivo de la relación maestro/alumno es ayudar al alumno a descubrir su propia sabiduría y compasión y a adquirir la confianza necesaria para manifestar plenamente estas cualidades en todos los aspectos de su vida.

En el centro del principio del gurú está la noción de devoción, que es uno de los aspectos más importantes, y también fácilmente incomprendidos, de la tradición Vajrayana. La idea de la devoción se basa en la instrucción de que un estudiante debe aspirar a ver a su gurú como un buda completamente despierto, la encarnación perfecta de la conciencia, la compasión y la sabiduría. Si nos detenemos aquí, esto puede sonar como un paradigma profundamente defectuoso, lleno de posibilidades de distorsión y abuso, pero esta no es toda la ecuación. Igualmente importantes para la perspectiva del alumno son la mentalidad y la motivación del maestro. La devoción del alumno debe corresponderse con la compasión y la percepción pura del maestro. La única motivación de un maestro auténtico es ayudar a su alumno a despertar. Gracias al poder de su propia realización, ven al alumno a través de la lente de la naturaleza búdica. Aunque el estudiante pueda estar ciego a su verdadera naturaleza, el maestro no lo está. Se relacionan con las cualidades despiertas del estudiante, no con la visión inexacta y limitada que el estudiante pueda tener de sí mismo. Esta combinación de la devoción del estudiante y la sabia visión compasiva del maestro crea la posibilidad de un profundo cambio de perspectiva.

Aunque palabras como *gurú* y *devoción* generan muchas suspicacias en estos tiempos, y con razón, en principio esto no difiere de las relaciones de tutoría en otros ámbitos de la vida. Padres e hijos, entrenadores y deportistas, músicos y sus protegidos: todos ellos requieren la confianza mutua y la perspectiva compartida que se encuentran en la relación entre un gurú espiritual y un estudiante. Imaginemos a un entrenador que intenta ayudar a un joven atleta en ciernes a desarrollar todo su potencial. Si el atleta no cree realmente en el entrenador, no estará abierto a la orientación que este le proporcione. No importa lo sabio y experimentado que sea el entrenador. Por otro lado, si el deportista siente un profundo respeto por su entrenador, pero este no ve su potencial, será casi imposible que el deportista llegue a desarrollarlo. Pero si la «devoción» está plenamente presente en el deportista y la «percepción pura» está presente en el entrenador, puede suceder algo mágico: el verdadero crecimiento y la transformación serán posibles.

El principio del gurú aprovecha este poder del aprendizaje social y del modelo de conducta. Al igual que descubrimos con un entrenador y un atleta, el poder está en la relación y las interacciones. Cuando un profesor sabio y compasivo se encuentra con un alumno realmente abierto y confiado, el proceso de despertar puede acelerarse drásticamente. Esta es otra de las razones por las que el Vajrayana se conoce como el camino rápido.

Como todos los principios importantes, el principio del gurú tiene capas de significado e importancia. La tradición budista tibetana suele enumerar cuatro dimensiones del principio del gurú:

el gurú exterior, el interior, el secreto y el último. El gurú exterior es en el que la mayoría de nosotros pensamos cuando oímos la palabra *gurú*. Es la persona real que representa a un linaje o tradición espiritual concreta. En mi caso, podría decir que Mingyur Rinpoche es uno de mis gurús principales. Él mismo ha recibido los linajes Kagyu y Ñingma (dos de los cuatro linajes principales del budismo tibetano) y continúa transmitiéndoselos a estudiantes como yo a través de sus libros, retiros, cursos, etcétera.

Un gurú como Mingyur Rinpoche no podrá ayudar a sus estudiantes sin dar enseñanzas. Estas enseñanzas son el gurú interior, la segunda de las cuatro dimensiones del principio del gurú. Así pues, el gurú interior son las instrucciones y los métodos espirituales que los estudiantes pueden utilizar para reconocer su verdadera naturaleza.

Basándose en estas instrucciones y enseñanzas, la experiencia y la percepción del estudiante comenzarán a cambiar. Cuando la transformación de la percepción impura a la percepción pura se pone en marcha, las experiencias ordinarias de la vida diaria pueden reforzar el proceso de despertar. Este es el tercer gurú, o gurú secreto. A menudo denominado el «gurú simbólico de las apariencias», la tercera dimensión apunta a la perspectiva sagrada. Todo lo que percibimos comienza a despertarnos. Por ejemplo, contemplar un cielo azul abierto puede recordarnos la amplitud de la conciencia pura. Ver un arco iris o un espejismo puede hacernos comprender que las cosas no son siempre lo que parecen. Ver a un padre cuidando de un niño pequeño puede recordarte que la compasión es una cualidad innata de todos los seres vivos.

Así pues, el proceso comienza con el gurú externo, un maestro, que proporciona enseñanzas e instrucciones para entrenar y transformar tu mente. Si practicas, esto cambiará gradualmente tu perspectiva y, con el tiempo, todas las experiencias y situaciones que antes reforzaban la forma en que solías verte a ti mismo empezarán a desencadenar nuevas percepciones. Con el tiempo, empezarás a reconocer que eres infinitamente más de lo que antes pensabas que eras. Primero comprenderás, y luego experimentarás de primera mano, la conciencia abierta y espaciosa, la calidez de la compasión y la sabiduría radiante que constituyen tu verdadera naturaleza. En resumen, te encontrarás cara a cara con tu propia naturaleza búdica. Este es el cuarto y último gurú: el verdadero gurú de la conciencia intrínseca.

Estas cuatro dimensiones captan todo el significado del principio del gurú. Destacan cómo el gurú no es simplemente una persona a la que respetamos y veneramos, sino más bien un proceso en desarrollo destinado a ayudarnos a acceder a nuestra naturaleza despierta. Esta es la verdadera razón por la que tenemos gurús. Los gurús «externos» de los que aprendemos en el camino espiritual son catalizadores. Si son sabios y compasivos, y nosotros tenemos algo de devoción, estudiar con un maestro así puede mejorar y acelerar enormemente el viaje espiritual.

La impronta que identifica a un maestro experto es que sus alumnos son cada vez más capaces de percibir la naturaleza búdica interior. El estudiante llegará a comprender que la naturaleza de su propia mente no es diferente de la mente despierta de su maestro. Si la diferencia de poder entre el maestro y el alumno es cada vez mayor, que es algo que podríamos ver en entornos de culto, esto es lo contrario de la intención detrás del principio del gurú. El maestro no debe ser visto como un poder superior o en un nivel fundamentalmente diferente. La diferencia debe disolverse no solo entre uno mismo y el gurú externo, sino incluso entre el Buda y el sí-mismo.

Mingyur Rinpoche cuenta a menudo una historia sobre cómo aprendió a meditar con su padre, el gran maestro de meditación Tulku Urgyen Rinpoche. Tulku Urgyen vivía en un pequeño convento en las afueras del valle de Katmandú. El convento estaba lleno de perros, y a menudo se les oía ladrar cuando el joven Mingyur Rinpoche intentaba meditar. Un día, Tulku Urgyen señaló la estatua del Buda de su altar y dijo: «La verdadera naturaleza de todos esos perros a los que oyes ladrar es exactamente la misma que la verdadera naturaleza del Buda. Y tú también. Tu verdadera naturaleza, la mente del Buda, y la naturaleza búdica de esos perros son lo mismo. La única diferencia es que el Buda reconoció su propia naturaleza verdadera». Estas sencillas frases captan las cuatro dimensiones del principio del gurú. Tienes a Tulku Urgyen, el gurú externo, dando instrucciones y enseñanzas, el gurú interno, al joven Mingyur Rinpoche, que utilizaba experiencias cotidianas –los perros ladrando, la imagen en un altar– para simbolizar la naturaleza búdica. Ese es el tercer gurú, el gurú secreto o «gurú simbólico de las apariencias». Por último, la reverencia de Mingyur Rinpoche por su padre y la compasión y habilidad de este como maestro se combinaron para ayudar a Mingyur Rinpoche a reconocer algo sobre su propia experiencia interior. En otras palabras, las tres primeras dimensiones del gurú lo ayudaron a entrar en contacto con el gurú último o verdadero: su propia naturaleza búdica.

Dada la importancia de los maestros y mentores en nuestras vidas, no debería sorprendernos que desempeñen un papel fundamental en el proceso de despertar. Por desgracia, como hemos visto en diversas tradiciones espirituales y religiosas, es fácil abusar de la dinámica de poder en la relación maestro-estudiante. Por este motivo, el proceso de selección de un maestro espiritual es de vital importancia. Un conocido libro de la tradición tibetana, *Las palabras de mi maestro perfecto*, dice que debemos investigar a un maestro durante doce años. En el transcurso de ese tiempo debes buscar, debes analizar, debes aprender todo lo que puedas antes de estar dispuesto a decir: «De acuerdo. Este es alguien a quien realmente vale la pena seguir». Este es, por supuesto, un ejemplo extremo. La mayoría de nosotros no vamos a esperar doce años antes de dar un paso. Pero la cuestión es que no solo debes observar y examinar, sino que debes mirar con ojo crítico para que, cuando des el paso de confiarles tu bienestar espiritual, no sientas ninguna duda ni vacilación. Tu confianza debe basarse en el discernimiento y la sabiduría.

En la era digital, la cuestión del gurú se ha vuelto más compleja. Históricamente, la experiencia de un gurú era una relación muy personal. Ahora podemos conocer a un maestro en línea, donde participamos con cientos, incluso miles, de otros estudiantes. Dado que rara vez estamos en la misma habitación que el maestro, ¿cómo podemos decidir si esta persona debería convertirse en el nuestro? Aunque la mayoría de nosotros no vivimos cerca de un monasterio donde podríamos ver a un profesor de cerca y en persona durante un largo periodo de tiempo, tenemos la ventaja de contar con toda la información de Internet. Podemos buscar fácilmente si un maestro está envuelto en controversias. Podemos comprobar si tiene un historial de estudio y práctica profundos y averiguar qué linajes posee y cómo se formó. Incluso podemos ver enseñanzas en línea para hacernos una idea de su estilo de enseñanza y de cómo resuena con nosotros. Sobre todo, podemos buscar signos de sabiduría y compasión. ¿Es el maestro carismático, pero se promociona a sí mismo y menosprecia a otros? ¿O es humilde, amable, atento y sabio? Estas son las verdaderas señales de un maestro despierto.

La meditación: etapas de desarrollo y perfección

> «Reconoce la naturaleza de tu propia mente
> que no es otra que el buda primordial original.
> Date cuenta y observa tu propia naturaleza».
>
> PRINCESA MANDARAVA

Los principios del Vajrayana, al igual que los del Vehículo Fundacional y los del Mahayana, no son del todo útiles si no contamos con algún proceso interior que nos ayude a grabarlos en nuestro ser. Necesitamos la meditación, el camino de familiarizarnos con un nuevo paradigma o perspectiva hasta que se convierta en una realidad viva y palpitante para nosotros.

En el Vajrayana, el camino de la meditación consiste en tres formas o «etapas»: la etapa de desarrollo, la etapa de culminación conceptual y la etapa de culminación no conceptual. Las tres etapas se basan en el principio de tomar la realización como camino, y las tres implican la iniciación y el principio del gurú, pero cada una tiene su propio sabor y forma distinta de ayudarnos a despertar a nuestra naturaleza búdica.

Se dice que estas prácticas proporcionan un camino único, poderoso y rápido hacia el despertar, que implica muchas menos penurias y dificultades que otras formas de meditación. Hay muchas razones para ello, pero la principal es que en el Vajrayana no hay obstáculos, solo oportunidades. Hay una práctica para cada experiencia humana concebible: dormir, soñar, sexo, morir, relaciones, trabajo, reactividad emocional... todo. Los métodos meditativos del Vajrayana están diseñados para utilizar la energía de todas estas experiencias como puertas de entrada al despertar.

La etapa de desarrollo

> «La raíz del *samsara* es el hábito de la percepción impura. Al considerarse a sí mismo como una deidad, uno gradualmente purifica, debilita y elimina ese hábito y lo reemplaza con el hábito positivo de la percepción pura».
>
> THRANGU RINPOCHE

La meditación en la etapa de desarrollo utiliza el poder de la imaginación y las imágenes simbólicas para ayudarnos a acceder a nuestra naturaleza búdica. Cuando practicas meditación en la etapa de desarrollo, te sientas para la meditación matutina y comienzas tu práctica reconectándote con las ideas de tomar refugio, *bodhichitta* y el voto del *bodhisattva*. En el Vajrayana, esto implicaría cantar versos de una liturgia, conocida como *sadhana* en sánscrito. Al cantar los versos sobre el refugio y la *bodhichitta*, te recuerdas a ti mismo en qué consiste tu práctica y por qué la haces. Más concretamente, recuerdas la motivación para descubrir tu naturaleza de buda y, no solo eso, para ayudar a todos los demás seres a hacer lo mismo.

Tras estos y otros pasos preliminares de la meditación, es probable que imagines la presencia de una deidad *yidam,* una representación simbólica de la naturaleza búdica, casi como un arquetipo, que visualizas, como si este ser estuviera sentado en el espacio ante ti. Cada *yidam* –y hay cientos– representa algún aspecto de la naturaleza búdica. Algunos representan la compasión, la sabiduría o la pureza. La deidad *yidam* contará con una imaginería muy específica, como el color, la ornamentación, la vestimenta, etcétera. Todo ello es simbólico. Cada elemento de la visualización representa algún aspecto de nuestra naturaleza despierta. Al imaginar todo esto aportas estas cualidades a tu mente, incrustándolas en tu experiencia del momento presente. De este modo, te haces receptivo a la posibilidad del despertar. En este punto, todavía sentirás que esta presencia despierta está fuera y no dentro de ti, pero es un paso importante para ver todas estas cualidades en ti mismo.

Dependiendo de lo sencilla o elaborada que sea la práctica, puede haber cantos extensos, mantras y mudras (gestos con las manos), todo lo cual corresponde a un proceso meditativo interno que está en marcha. Se trata de un proceso de desprendimiento del viejo hábito de percepción impura y de creación de espacio para una forma radicalmente nueva de relacionarse con uno mismo, con los demás y con todo lo demás.

En un momento dado, la visualización cambiará y, de repente, *tú* serás la deidad. En lugar de verte como una persona corriente de carne y hueso, llena de malos hábitos y viejos equipajes, te imaginas como un buda completamente despierto. Eres la encarnación misma de la compasión, la sabiduría o la pureza. Aunque el proceso consta de muchos pasos, lo más importante es tener la certeza de que realmente eres así. Esto no quiere decir que realmente seas de otro color, con todo tipo de atributos extraños, sino que la sabiduría y la compasión ilimitadas son tu verdadera naturaleza. Esta confianza se conoce como «orgullo vajra» o «el orgullo de la deidad».

Para concluir la práctica, disuelve la visualización y descansa en la conciencia abierta y sin esfuerzo. Después de toda la gimnasia mental de visualizar e imaginar, a menudo se siente como una liberación. Un momento de profundo descanso en el que puedes experimentar directamente la claridad vacía y radiante de la conciencia. Luego, como paso final, se cantan unos versos para dedicar la energía sana y positiva de la práctica –tradicionalmente considerada como «virtud»– al despertar de todos los seres.

La meditación en la etapa de desarrollo puede sonar excesivamente esotérica y extraña, pero piensa en lo natural que es utilizar nuestra imaginación en todo lo que hacemos. Imaginamos versiones de nosotros mismos todo el tiempo. Nos proyectamos en el futuro, imaginando lo que podríamos decir, sentir, pensar o hacer. Reproducimos viejos escenarios una y otra vez en nuestra mente. Al hacerlo, reforzamos un conjunto concreto de creencias y suposiciones que tenemos sobre nosotros mismos. Por ejemplo, cuando empecé a meditar hace treinta años, imaginaba situaciones que reforzaban la idea de que era una persona profundamente ansiosa y temerosa que vivía en un mundo aterrador.

La meditación en la etapa de desarrollo utiliza el enorme poder de nuestra imaginación, pero de una forma mucho más positiva. Empezamos a imaginarnos a nosotros mismos con intención, en lugar de por costumbre, y reforzamos la mejor versión posible de nosotros mismos que podríamos imaginar.

Práctica: meditación de la etapa de desarrollo

Para hacernos una idea, probemos una sencilla práctica de meditación basada en la etapa de desarrollo.

- Empieza motivándote para descubrir tu propia naturaleza búdica y ayudar a los demás seres a hacer lo mismo.
- A continuación, déjate llevar durante unos instantes y permítete simplemente ser. No necesitas centrarte ni concentrarte. Limítate a estar presente y ser consciente.
- Ahora recuerda a alguien que represente lo mejor de la humanidad. Puede ser una figura histórica o alguien que conozcas. Cuando lo recuerdes, reflexiona sobre las cualidades o virtudes que encarna y trata de destacar una cualidad concreta, como la generosidad o la integridad.
- Imagina que esta persona está sentada frente a ti ahora y que puedes sentirla irradiando esta cualidad, como si fuera el sol irradiando amor, sabiduría, o cualquier otra de sus cualidades que te inspire.
- Imagina que todo lo que encarna se disuelve en luz y que esa luz fluye hacia ti. Ahora, tú encarnas esta cualidad, igual que ellos. Siente la presencia de esta cualidad en ti, en su

estado perfeccionado. Tú eres la manifestación perfecta de esta cualidad. Descansa en esa confianza.
- Para terminar, suelta el reflejo y vuelve a descansar en la conciencia. Sea lo que sea lo que sientas y pienses, deja que suceda sin ningún intento de cambiar o controlar tu mente. Simplemente estate presente y sé consciente.

La etapa de culminación conceptual

> «Los yogas interiores toman las experiencias y emociones ordinarias como oportunidades para acceder a la naturaleza de Buda».
>
> Yongey Mingyur Rinpoche

Tomar la realización como camino apoya también las prácticas de la etapa de culminación. Seguimos aprendiendo a ver nuestra propia naturaleza búdica en el momento presente, pero en la etapa de culminación, en lugar de centrar nuestra imaginación, nos apoyamos en diferentes dimensiones de la experiencia humana normal como puertas de acceso a ese reconocimiento.

La palabra *conceptual* en la frase *etapa de culminación conceptual* contrasta con el siguiente cuerpo de prácticas que aprenderemos, que cambia todas las visualizaciones, yogas físicos y ejercicios de respiración que se encuentran aquí por un simple proceso de reposo en la conciencia sin esfuerzo. Las prácticas de la etapa de culminación conceptual se denominan conceptuales (o, más literalmente, «con marcas») porque utilizan imágenes conceptuales y un estilo de práctica más esforzado. Como veremos, las prácticas mentales de la etapa de culminación no conceptual tienen un sabor muy diferente.

Si estás familiarizado con la tradición budista, habrás oído hablar de los llamados seis yogas o seis dharmas de Naropa, uno de los grandes maestros del budismo indio. Vivió en los siglos X y XI y fue el principal maestro de Marpa, quien llevó sus enseñanzas e instrucciones sobre los seis yogas al Tíbet. Estas prácticas yóguicas se encuentran entre las meditaciones más conocidas y coloridas de la tradición Vajrayana y son buenos ejemplos de la etapa de culminación conceptual. Los seis dharmas incluyen meditaciones que implican exploraciones del estado onírico, e incluso del sueño profundo y sin sueños, así como prácticas que nos ayudan a transformar las etapas del proceso de morir en una oportunidad para despertar. En el yoga tibetano del sueño, por ejemplo, aprendemos a ser lúcidos dentro del estado onírico (es decir, a darnos cuenta de que estamos soñando sin llegar a despertarnos y poner fin al sueño). Luego hay una serie de prácticas que se llevan a cabo mientras se sueña, desde traspasar los límites de la realidad volando, caminando por el fuego y haciendo otras cosas que son imposibles en la vida despierta hasta cambiar de forma y explorar diferentes planos de existencia. El viaje interior del yoga del sueño transforma algo que hacemos todas las noches de nuestra vida en una profunda exploración de la naturaleza misma de la realidad.

El más famoso de estos yogas interiores es la práctica del calor interior, conocido como *tummo* en tibetano. Para comprender plenamente la práctica del *tummo* –tanto su funcionamiento como su finalidad– necesitaríamos un libro entero, pero resumamos: la práctica del *tummo* utiliza una combinación de posturas físicas, ejercicios de respiración y visualizaciones para acceder al llamado «cuerpo sutil». El cuerpo sutil es una red de canales, energías y «gotas» de energía destilada, similar a los nervios y las corrientes eléctricas que recorren el cuerpo a un nivel más burdo.

Las corrientes de energía que recorren estos canales están íntimamente ligadas a nuestros estados mentales y emocionales. De nuevo, esto es paralelo al sistema nervioso físico, que muestra un patrón de actividad cuando estamos en un estado de agitación y un patrón completamente diferente cuando estamos tranquilos y en paz. Del mismo modo que cada estado mental se refleja en un patrón único de actividad en las corrientes energéticas del cuerpo sutil, también existe un patrón distinto de actividad cuando experimentamos la percepción de la naturaleza de la realidad y conectamos con nuestra naturaleza búdica.

En la etapa de culminación conceptual, y específicamente en la práctica de *tummo*, utilizamos estos fuertes vínculos entre el cuerpo sutil y el proceso de despertar en nuestro beneficio, aprendiendo a acceder y manipular las corrientes energéticas. Para condensar los muchos detalles intrincados de la práctica de *tummo*, en este estilo de meditación aprendemos a llevar las energías de los canales derecho e izquierdo al canal central. Esto, a su vez, disuelve gradualmente los bloqueos energéticos dentro del canal central. A medida que la energía fluye más suavemente a través del canal central, surge una fuerte sensación de dicha, junto con una visión cada vez más poderosa de la naturaleza de la conciencia. Aunque tal dicha es vigorizante y nutritiva, es la percepción la que disuelve los patrones mentales y emocionales que perpetúan el sufrimiento y el ciclo del *samsara*.

La práctica del *tummo* capta la imaginación como ninguna otra forma de meditación. Imagínate a meditadores de pelo largo vistiendo únicamente su ropa interior, meditando al aire libre en pleno invierno, en lo más profundo del Himalaya. Una parte normal del entrenamiento de los meditadores de *tummo* consiste en sumergir mantas en agua a temperaturas gélidas y luego colocárselas sobre el cuerpo hasta que el hielo se derrite o el agua se evapora. No se trata de un cuento místico. De hecho, un investigador de Harvard publicó un informe sobre esta práctica y sus resultados en *Nature*, una de las revistas científicas más prestigiosas y rigurosas. Los investigadores documentaron la capacidad de los practicantes de *tummo* para elevar la temperatura de sus cuerpos hasta 8,3 grados centígrados.*

Tales proezas son impresionantes, pero ¿qué tiene que ver el aumento de la temperatura corporal con el camino del despertar? El calor interior generado por esta práctica es más un subproducto que el objetivo principal. Los meditadores de *tummo* intentan redirigir las sutiles corrientes energéticas del cuerpo para alcanzar un estado de profunda percepción de la naturaleza de la consciencia. Sucede que, al hacerlo, también se genera una sensación de éxtasis y felicidad en el cuerpo, junto con un calor tremendo.

* H. Benson, J.W. Lehmann, M.S. Malhotra, R.F. Goldman, J. Hopkins y M.D. Epstein, «Body temperature changes during the practice of Tum-mo yoga», *Nature* 295, n.° 5.846 (1982): 234-236.

PRÁCTICA: LAS ENERGÍAS SUTILES

Para hacernos una idea de la etapa de culminación conceptual, experimentemos con la sintonización con las energías sutiles del cuerpo.

- Empieza por establecer una motivación compasiva. Piensa: «Voy a meditar para ayudar a todos los seres a liberarse del sufrimiento y a reconocer su naturaleza búdica».
- A continuación suéltate y descansa unos instantes en una conciencia abierta y sin esfuerzo. Respira lenta y profundamente para calmar la mente.
- Deja que tu respiración vuelva a su ritmo normal y hazte consciente de tu cuerpo. ¿Dónde notas más sensaciones en tu cuerpo? Explora lentamente el cuerpo y observa lo que notas.
- Tras unos minutos recorriendo el cuerpo y observando las sensaciones que encuentras, deja que tu conciencia se fije en la zona donde notas más sensaciones. Sin intentar cambiar nada de tu experiencia interior, mantén la conciencia en esas sensaciones durante uno o dos minutos.
- Explora estas sensaciones más a fondo. ¿Puedes percibir una sensación de movimiento? ¿Quizá una sensación de vibración, hormigueo o alguna otra sensación? No hay ninguna sensación correcta o incorrecta. Simplemente observa cómo son esas sensaciones.
- Ahora sigue estas sensaciones por todo tu cuerpo. Puede que notes el hormigueo o la vibración en otras zonas, o puede que no sientas nada en absoluto. Sigue estas sensaciones, sean como sean y te lleven a donde te lleven.
- Para terminar, suéltate una vez más y descansa en una con-

ciencia abierta. No necesitas centrarte en nada ni ignorar nada. Simplemente permanece abierto y receptivo, descansando en la conciencia misma, como el cielo abierto.

Mahamudra y Dzogchen: la etapa de finalización no conceptual

> «En un solo instante, la luz de una lámpara puede iluminar una casa que haya estado oscura y deshabitada durante mil años. Del mismo modo, la realización de la naturaleza luminosa de tu propia mente, aunque solo sea por un instante, purificará la negatividad y los oscurecimientos de un eón».
>
> SHABKAR

La tercera y última forma de meditación en el Vehículo Vajra es la etapa de culminación no conceptual. Esta etapa de la práctica se centra en reconocer la claridad abierta y espaciosa de la conciencia misma. Es el camino más simple y directo hacia la naturaleza búdica.

En el budismo tibetano, esta práctica se encuentra en dos importantes tradiciones de meditación: Mahamudra y Dzogchen. Estas tradiciones, que se encuentran en los linajes Kagyu y Ñingma, respectivamente, hacen hincapié en la importancia de reconocer la naturaleza de la mente. En el Mahamudra, se hace referencia a la naturaleza de la mente de muchas maneras, pero la más común es con los términos «esencia de la mente» (*sem nyi* en tibetano) y «mente ordinaria» (*ta mal gyi she pa* en tibetano). En Dzogchen, se suele utilizar el término «conciencia» o «conciencia pura» (tibetano: *rigpa*). Si todo esto es nuevo para ti, no te preocupes por las palabras que utilices. Todas apuntan a lo mismo: la claridad vacía y radiante de la verdadera naturaleza de la mente.

Las tradiciones de la naturaleza de la mente del Mahamudra y el Dzogchen contrastan fuertemente con la etapa de desarrollo y los yogas interiores de la etapa de finalización conceptual. No hay visualizaciones elaboradas, mantras o mudras, ni ejercicios de respiración o manipulación de las energías sutiles. En la práctica de la naturaleza de la mente vamos directamente a la fuente. El único énfasis está en reconocer la naturaleza de la mente y, luego, volver a ese reconocimiento una y otra vez hasta que nos resulte tan familiar que nunca perdamos el contacto con ella.

En la práctica, el proceso de reconocimiento de la naturaleza de la mente suele comenzar con una serie de prácticas preparatorias, denominadas *ngondro* en tibetano. Estas meditaciones preliminares o fundacionales labran la tierra endurecida de la mente para hacerla más abierta y receptiva. El proceso comienza con una serie de reflexiones sobre la valiosa oportunidad de despertar que brinda el nacimiento humano y, a continuación, sobre la impermanencia, el karma y el sufrimiento del *samsara*. Juntas, estas contemplaciones pretenden provocar un cambio de mentalidad, alejando nuestra atención de la búsqueda del placer y el éxito y dirigiéndola hacia el camino del despertar. Estas contemplaciones van seguidas de meditaciones sobre el refugio y la *bodhichitta*, luego sobre la purificación y la generosidad y, finalmente, por la práctica del *guru yoga*, que abre el corazón a través de la devoción.

El siguiente paso importante en este camino es recibir instrucciones «indicativas» de un maestro vivo. Estas instrucciones tienen por objeto introducirnos directamente en nuestra verdadera naturaleza, en la claridad vacía y radiante de la mente. Estas instrucciones pueden impartirse de muchas maneras. A veces pueden darse a un solo estudiante, y, en otras ocasiones, a cientos o incluso miles de personas a la vez. En cualquiera de los casos, un maestro que está profundamente familiarizado con la naturaleza de la mente (y al que, por tanto, nos referiríamos como un maestro «realizado») guía a los estudiantes a través de diferentes capas de consciencia, señalando las cualidades más importantes de la mente, que para la mayoría de nosotros suelen pasar desapercibidas.

En principio, esto no difiere mucho de seguir a un guía turístico. Si te bajaras de un autobús y te pasearas por el Taj Mahal, te impresionaría la majestuosidad de la arquitectura, pero apreciarías poco o nada de los detalles arquitectónicos, la historia o el significado de los distintos edificios. Un guía experto, en cambio, te indicará las cosas que de otro modo podrías pasar por alto. Tendrías acceso a todo tipo de información que te sería casi imposible captar por ti mismo.

En cuanto a la naturaleza de la mente, la situación no es distinta. Siempre estamos experimentando nuestra propia mente, pero por lo general nuestra atención está captada por los objetos brillantes y relucientes de la experiencia: nuestras percepciones sensoriales (lo que vemos, oímos, sentimos, etc.) y nuestros pensamientos y emociones. Estas experiencias dominan tanto nuestra atención que, cuando empezamos a meditar, puede que ni siquiera nos demos cuenta de que son solo una pequeña fracción de quiénes y qué somos como seres humanos.

Como un hábil guía turístico de nuestra realidad interior, un maestro realizado puede ayudarnos primero a asentar y calmar la mente para que no estemos tan atrapados en el mundo de los sentidos o en nuestros pensamientos y sentimientos. Una vez que disponemos de un poco de espacio interior para explorar la mente, podemos embarcarnos en un viaje. Podemos aventurarnos hacia estados de consciencia más sutiles y, finalmente, hacia la propia naturaleza de la consciencia.

Este conocimiento directo y experiencial de la naturaleza de la consciencia se denomina «reconocimiento» de la naturaleza de la mente. En esencia, cuando reconocemos la naturaleza de la mente, nos encontramos cara a cara con nuestra propia naturaleza búdica, no como una teoría intelectual árida, sino como una experiencia profundamente nutritiva y transformadora. En esencia, quizá por primera vez en nuestra vida estamos en contacto con lo que realmente somos. Para quienes lo experimentan puede ser el momento más crucial de su viaje espiritual.

A partir de ahí, el camino es bastante sencillo, no fácil pero sencillo. No hay nada más que hacer aparte de volver a este reconocimiento. Volvemos a él una y otra vez. Meditamos, recibimos enseñanzas e instrucciones más precisas y aplicamos nuestros conocimientos a la vida cotidiana. Con el tiempo, lo que comienza como una visión fugaz de la naturaleza de la mente se hace más estable y duradera. Nos identificamos menos con nuestros viejos hábitos y sistemas de creencias y cada vez más con la claridad radiante de la conciencia pura. Por fin hemos descubierto el tesoro que hay bajo nuestros pies.

Hay muchas prácticas y meditaciones diferentes para ayudarnos a calmar y estabilizar la mente, pero lo que diferencia a la meditación de la naturaleza de la mente es el énfasis en la conciencia inintencionada. En el Mahamudra y el Dzogchen, la atención se centra siempre en la conciencia y en soltar, dejar ser y descansar sin esfuerzo. Del mismo modo, también hay meditaciones analíticas, pero, una vez más, la atención se centra menos en comprender la naturaleza impermanente y condicionada de las cosas y más en aprovechar la naturaleza incondicionada, vacía y sin fundamento de la conciencia.

Obtener una visión de la naturaleza de la mente se considera el eje de toda la tradición, hasta el punto de que a menudo se hace referencia a ello como «la única cosa que lo libera todo». El significado de esta afirmación esotérica es que, si reconoces la naturaleza de tu mente, esa sola percepción te traerá la liberación del sufrimiento y el fin del *samsara*. Por otra parte, sin esa percepción, puedes pasarte años meditando y perderte el elemento más importante de todo el viaje.

La aplicación: vivir con naturalidad y espontaneidad

> «Puesto que todo no es más que una aparición, perfecta siendo lo que es, sin tener nada que ver con el bien o el mal, la aceptación o el rechazo, uno bien puede estallar en carcajadas».
>
> LONGCHENPA

El último elemento del Vehículo Vajra es su aplicación. ¿Cómo llevar a la vida cotidiana la visión Vajrayana y la experiencia que nace de la meditación? Se podría decir que todo el enfoque del Vajrayana radica en la naturalidad y la espontaneidad. En lugar de inclinarse hacia una disciplina rígida, el Vajrayana trata de experimentar la vida tal y como es y estar abierto y profundamente receptivo a nuestras circunstancias inmediatas. Para aplicar lo que aprendemos en el Vehículo Vajra, nos comprometemos a ver nuestras vidas a través de la lente de la naturaleza búdica. No huimos de nuestras sombras o demonios internos. Nos abrimos a ellos y permitimos que todo lo que suceda nos acerque a nuestra naturaleza despierta.

La idea de ser espontáneo y natural está muy arraigada en la moral y la ética budistas. En lugar de intentar alejar nuestras emociones o alterar las experiencias difíciles a las que nos enfrentamos, las utilizamos como puertas al despertar. El budismo consiste en comprender el desarrollo natural de nuestras vidas y, como descubrió el Buda, no necesitamos inventar un escenario. Despertar es una relación muy directa e íntima con lo que ocurre dentro de nosotros y a nuestro alrededor en un momento dado. Con el tiempo, nuestra respuesta natural e intuitiva a lo que ocurre se impregna de compasión y sabiduría, y nuestra forma de vivir se vuelve más natural y receptiva. Es una hermosa forma de existir.

En términos más sencillos, se podría decir que aplicar las enseñanzas del Vajrayana en la vida cotidiana solo significa trasladar el reconocimiento de la naturaleza de la mente a todo lo que hacemos. Independientemente de lo que estemos haciendo y de lo intensa que sea la vida, nos esforzamos todo lo posible por no perder nunca el contacto con la claridad abierta, espaciosa y vacía de nuestra propia mente. En muchos sentidos, esto es similar a la práctica básica de la atención plena, cuando practicamos ser conscientes mientras estamos inmersos en nuestras rutinas diarias. La diferencia es que ahora estamos en contacto con la naturaleza misma de la conciencia. Ya no vemos solo defectos y carencias. Vemos la naturaleza búdica en nosotros mismos y en los demás, la vean o no por sí mismos. Este es el cogollo de la percepción pura.

La fuerza del enfoque Vajrayana radica en los muchos y potentes métodos que posee. Hay una práctica para cada tipo de personalidad, y sea lo que sea a lo que te enfrentes en la vida, hay muchas herramientas poderosas en la caja de herramientas del Vajrayana.

Este es también el reto de esta tradición. Al principio puede resultar abrumadora. Este *yana* ofrece tantos términos y tantas prácticas de meditación diferentes, que está casi garantizado que sea una experiencia desconcertante en las primeras etapas de la práctica.

Compartí mi experiencia inicial de sentir una tremenda resistencia a las imágenes y a la idea de tener un gurú. Ahora, décadas después, comprendo la importancia de las imágenes y el significado más profundo del principio del gurú. Pero aun así, lo que más me gusta del Vajrayana es la naturaleza sencilla de las enseñanzas mentales del Mahamudra y el Dzogchen. De todas las herramientas de la caja de herramientas, estas son las que hacen que mi corazón cante, e incluso cuando hago otras formas de práctica, siempre pongo la naturaleza de la mente en el centro, apoyada por el deseo compasivo de ayudar a todos los seres a despertar.

Menciono esto no porque sea el enfoque «correcto», sino más bien porque pone de relieve cómo cada uno de nosotros tiene que encontrar su propio camino en la senda espiritual. Conozco a otras personas que se sienten mucho más atraídas por las visualizaciones y los mantras de la etapa de desarrollo, y otras que se apasionan por el *tummo* y los yogas internos. En el Vajrayana no existe un enfoque único. El objetivo de tener una gama tan rica de enseñanzas y prácticas es que cada persona pueda encontrar una que realmente le hable.

La realización: encontrar un hogar en la conciencia pura

> «La esencia radiante y clara del sol
> no puede ser oscurecida por mil eones de oscuridad.
> Del mismo modo, la esencia luminosa de tu mente
> no puede ser oscurecida por eones de *samsara*».
>
> TILOPA

La idea de alcanzar el final del camino es una paradoja en el Vajrayana. De hecho, uno de los axiomas centrales de este enfoque es que no hay ningún resultado que alcanzar, ningún final del camino al que llegar. Por el contrario, el Vajrayana sostiene que el despertar ya está presente en nosotros. Entonces, ¿qué significa *realizar* en este contexto? Si no hay nada que lograr ni ningún estado mental que alcanzar, ¿dónde acabamos cuando practicamos las enseñanzas del Vehículo Vajra?

La etapa final del periplo Vajrayana ocurre cuando estamos

completamente en contacto con nuestra naturaleza despierta. Nuestro progreso a lo largo del camino no está marcado por nuevos niveles de iluminación o despertar, sino más bien por niveles cada vez más profundos de familiaridad con nuestra propia naturaleza verdadera. Existen muchos términos y marcos de referencia para describir esta progresión, siendo quizá el más común el de los cuatro niveles *vidhyadhara* (*vidhyadhara* significa «poseedor» o «maestro» de la conciencia), pero todos ellos describen el proceso de reconocimiento y familiarización con nuestra naturaleza búdica.

Al principio, puede que no veamos en absoluto la naturaleza luminosa, radiante y vacía de la experiencia, o puede que solo tengamos una comprensión intelectual de que esto es lo que realmente somos. A medida que avanzamos en la meditación, empezamos a entrar en contacto con nuestra verdadera naturaleza. Podemos vislumbrarla fugazmente cuando meditamos con un maestro realizado, en la naturaleza o leyendo un libro espiritual inspirador. Estos destellos iniciales son muy transformadores. Nos dan la seguridad de que todos los términos y teorías extravagantes sobre la naturaleza búdica no son solo cuentos de hadas.

Una vez que experimentamos un atisbo de nuestra naturaleza búdica, toda nuestra meditación y todo estudio espiritual se dirigen a profundizar y estabilizar este reconocimiento. Lo importante aquí es que no estamos profundizando o estabilizando *nuestra verdadera naturaleza*, puesto que este estado de perfección ya está presente en nosotros, sino *nuestra experiencia* de ella. Aprendemos a reconocer la conciencia pura en la meditación y, luego, incluso en la vida cotidiana. Con el tiempo, nuestra identidad cambia y nos vemos cada vez menos a través de la lente de nuestros recuerdos, emociones y los diversos papeles que desempeñamos en la vida. La claridad abierta y radiante de la conciencia se convierte en nuestro nuevo hogar.

7. Recorriendo el camino

> «La libertad no nos la da nadie. Tenemos que cultivarla nosotros mismos. Es una práctica diaria».
>
> Thich Nhat Hanh

Cuando tenía veinte años y acababa de iniciarme en la meditación, mi práctica avanzaba a trompicones. Aún recuerdo los libros que me inspiraban en aquella época, como las pepitas de sabiduría práctica de *Wherever You Go, There You Are*, de Jon Kabat-Zinn, y los fantásticos relatos de aventuras de Alexandra David-Néel en sus libros sobre su estancia en el Tíbet. Libros como estos despertaban mi interés y meditaba durante unas semanas, luego me daba pereza y perdía el contacto con mi práctica. Unas semanas más tarde, encontraba un nuevo libro que me ayudaba a mantener unas cuantas semanas más de práctica constante.

En esa misma época se estrenó la película de Steven Spielberg sobre el Holocausto, *La lista de Schindler*. No estaba en absoluto preparado para el profundo efecto que esta película tendría en mí. Me sentí devastado por la crueldad que los seres humanos podemos infligirnos unos a otros y profundamente conmovido por la generosidad y el sacrificio que pueden manifestarse en medio de la tragedia. Más que nada, me inspiró la figura de Oskar Schindler, el protagonista de la película.

Schindler arriesgó su propia vida y todo lo que había construido como rico hombre de negocios para ayudar a los judíos a escapar del régimen nazi. En una de las escenas finales de la película, rompe a llorar al darse cuenta de que podría haber salvado a más gente, incluso después de haber hecho tanto, por tantos y con un riesgo personal tan grande.

Aún recuerdo el extraño remolino de tristeza e inspiración que sentí al salir del cine aquella noche, pero también sentí una fuerte llamada a dedicar mi vida a algo más grande que mis propias necesidades y deseos. No tenía ni idea de qué hacer con este nuevo impulso, pero sentí como si algo muy dentro de mí despertara aquella noche y mi vida nunca volviera a ser la misma.

El problema era que mi vida *era* la misma. Aunque aquella noche me sentí profundamente inspirado, la noche siguiente empezó a desvanecerse. Unos días más tarde, mi epifanía era solo un recuerdo, y probablemente estaba sentado en un sofá jugando a videojuegos con mis amigos.

De lo que no me di cuenta entonces es de que los destellos de inspiración como el que tuve al ver la película nunca duran mucho. Incluso las ideas más profundas y las motivaciones más poderosas se desvanecen si no las alimentamos. Cuando recuerdo aquella experiencia, me doy cuenta de que no tenía nada en mi vida que apoyara el cambio que se produjo aquella noche. El tiempo que pasaba con mis amigos, lo que leía y escuchaba, mis aficiones y pasatiempos, todo reforzaba mis viejos hábitos y perspectivas.

Esta experiencia me enseñó la importancia de rodearnos de condiciones que nos apoyen en el camino del despertar. La inspiración va y viene. Desde luego, habrá momentos en los que parezca que estamos completamente atascados en el barro y otros en los que parezca que retrocedemos y que todo nuestro progreso se desvanece.

En lugar de sorprendernos o pillarnos desprevenidos en esos momentos, uno de los elementos más importantes del camino de la meditación es esperar los altibajos. Por muy bien que nos sintamos en los momentos álgidos del viaje espiritual, a menudo lo que realmente importa es cómo afrontamos los momentos bajos, y más aún cómo manejamos los innumerables momentos mundanos de la vida que suelen pasar desapercibidos.

Los principios y las prácticas de meditación que hemos explorado en estas páginas son profundamente transformadores, pero ¿cómo tomar todo esto –la visión, la meditación y la aplicación de los tres *yanas*– e integrarlo en esa vida única que es la tuya? ¿Qué aspecto tiene en la práctica cotidiana?

El cambio no se produce sin intención y esfuerzo. Para transformarnos, necesitamos entretejer las ideas de la práctica budista en nuestra existencia diaria. Nuestra vida real debe convertirse en la base del cambio. Este tejido requiere habilidad. Nuestra vida cotidiana es bastante compleja y necesitamos cosas que podamos aplicar de forma muy sencilla. En este capítulo, analizaremos una serie de cosas que podemos hacer para llevar la conciencia, la compasión y la sabiduría a nuestras vidas de una manera que sea coherente y alcanzable.

Enseñanzas esenciales

> «La meditación es la única actividad humana intencionada y sistemática que, en el fondo, no trata de mejorar ni de llegar a ninguna parte, sino simplemente de darte cuenta de dónde ya estás».
>
> JON KABAT-ZINN

En el siglo x, un gran maestro de meditación y venerado erudito llamado Atisha llevó al Tíbet una serie de enseñanzas budistas de la India. Primero fue invitado al Tíbet por uno de los gobernantes del Tíbet occidental. Durante meses y meses, llevó a cabo un arduo viaje a través de las llanuras de la India y de las cumbres del Himalaya, por el terreno más traicionero que se pueda imaginar.

A medida que se acercaba a su destino, empezó a oír rumores de que el propio Rinchen Zangpo, uno de los grandes traductores históricos de la tradición tibetana, había viajado a la India. Rinchen Zangpo había estudiado en muchas de las famosas instituciones budistas de la antigua India y era también un erudito de renombre. Dominaba el sánscrito y otras lenguas del sur de Asia de su época y había traducido muchos de los tratados clásicos indios. Cuando regresó al Tíbet, llevó consigo todos los textos y las enseñanzas que había recibido. Allí construyó un templo donde practicar todo lo aprendido.

Cuando Atisha se enteró de que Rinchen Zangpo vivía cerca, dijo: «Oh, bueno, si tenéis a Rinchen Zangpo aquí, no me necesitáis. Puedo darme la vuelta y regresar a la India. Rinchen Zangpo es tan culto como yo. Ya no me necesitáis». Pero en el último momento, ya que estaba tan cerca, decidió seguir adelante. Pensó que podría encontrarse con Rinchen Zangpo antes de regresar a casa.

Cuando por fin se encontraron, los dos maestros entablaron conversación e intercambiaron notas. Atisha preguntó a Rinchen Zangpo: «¿Dónde has estudiado? ¿Qué has aprendido? ¿Qué prácticas has realizado?». A medida que Zangpo fue desgranando la lista, quedó claro que los rumores eran ciertos: Rinchen Zangpo había recibido realmente todas las enseñanzas más importantes. Había realizado todo tipo de prácticas. Había traducido importantes textos canónicos. Sin duda, era un maestro budista muy erudito y consumado. La idea de Atisha de que no le quedaba mucho trabajo por hacer en el Tíbet quedó confirmada.

Pero justo antes de que Atisha diera media vuelta para regresar a la India, le hizo una pregunta más: «Rinchen Zangpo, ¿cómo tomas todas estas prácticas e ideas y las sintetizas? ¿Cómo trabajas con todas ellas juntas en tu propia práctica?».

Rinchen Zangpo apenas esperó un momento antes de ofrecer su respuesta: «Construí este templo para eso. Como puedes ver, tiene tres niveles. Por la mañana, en la planta baja, practico las enseñanzas Hinayana. Por la tarde, subo al segundo piso y practico el Mahayana. Y por la noche, voy al último piso, donde hago mis prácticas secretas del Vajrayana».

Con esta respuesta, Atisha supo que tenía que continuar su viaje al corazón del Tíbet. Le necesitaban. Había trabajo que hacer aquí. Rinchen Zangpo no había entendido nada.

A pesar de todo lo que había aprendido y estudiado, Rinchen Zangpo no había comprendido cómo encontrar la esencia de las enseñanzas. No sabía cómo destilar los muchos puntos clave que había aprendido para poder aplicarlos cuando más los necesitara.

Atisha continuó su viaje y pasó años en el Tíbet. A día de hoy, sus enseñanzas son famosas por ser prácticas y pragmáticas, sin perder ni un ápice de la profundidad del camino budista. Su punto de vista era que cada línea de las enseñanzas budistas debería considerarse un consejo pragmático: instrucciones que deberíamos poder aplicar en la inmediatez de nuestra experiencia del momento presente. Aunque Rinchen Zangpo era un gran erudito, su enfoque extenuante y literal de la práctica –moverse de un piso a otro de su templo, practicar formalmente de la mañana a la noche– era algo que Atisha sabía que muy pocos tibetanos serían capaces de emular. Aunque Rinchen Zangpo era traductor, no había aprendido a traducir las ideas en instrucciones accesibles y directas del tipo que no requieren horas, días y meses de estudio y explicación. No sabía cómo simplificar las enseñanzas para su uso en la vida cotidiana.

Lo que Atisha ofrecía a los estudiantes y practicantes se conoce como «enseñanzas esenciales». Son enseñanzas condensadas, o la esencia de las enseñanzas. Cada instrucción es como un diamante afilado y claro, la forma más refinada de la enseñanza más amplia de la que procede. Las enseñanzas budistas son increíblemente vastas, y sus instrucciones esenciales nos ofrecen un atajo que conduce directamente al punto clave de las enseñanzas.

Sin embargo, las instrucciones esenciales no son como las viñetas resumidas de un chatbot de inteligencia artificial; son como un destello de pura perspicacia. Transmitidas oralmente a lo largo de muchas generaciones por los maestros de meditación y los sabios más eruditos, pueden ser una forma excelente de trasladar las enseñanzas a la vida cotidiana.

Por poner un ejemplo, las enseñanzas más famosas de la tradición budista –las Cuatro Nobles Verdades– exponen todo el camino del despertar. Comienzan con el reconocimiento de que todos sufrimos y, luego, pasan a diagnosticar las causas profundas de nuestro sufrimiento y descontento. Exponen la posibilidad de que podamos liberarnos del sufrimiento y toda la amplitud del camino para conseguirlo. Las Cuatro Verdades Nobles son una hoja de ruta para todo el camino de la meditación y, aunque esta enseñanza ya es breve, puede condensarse aún más en una instrucción esencial como «todo el mundo sufre».

Digamos que estás con un miembro de la familia que te saca de quicio y que estás haciendo todo lo posible por mantener los pies en la tierra y no perder los nervios por completo. En momentos así, tomarse un tiempo muerto para reflexionar sobre la condición humana probablemente no sea la mejor respuesta. No podrás permitirte el lujo de elaborar una respuesta meditada. Aunque tu familiar te diera un poco de espacio, es probable que tus emociones y reacciones fueran mucho más urgentes y apremiantes.

Pero aunque no recuerdes toda la progresión de las Cuatro Nobles Verdades, una instrucción puede servirte como clave para llevar la sabiduría de la enseñanza a ese momento. Quizá pienses: «Todo el mundo sufre. Todos estamos confundidos y hacemos lo que podemos en la vida. Todos actuamos a veces de forma poco hábil y nos presionamos unos a otros. Reaccionar aquí solo va a crear más tensión y sufrimiento para ambos. Creo que voy a dar un paso atrás y dejarnos espacio para que esto no se descontrole».

Basta con recordar la frase «todo el mundo sufre» para salir de nuestras reacciones habituales. Una de las habilidades más útiles en el camino del despertar es la capacidad de tomar las enseñanzas y prácticas que nos resultan más útiles e inspiradoras y reducirlas a una idea sencilla que pueda aplicarse en un momento estresante.

Rituales y liturgias

> «Hasta alcanzar la estabilidad,
> es vital meditar en sesiones de meditación adecuadas
> y evitar todas las distracciones y ocupaciones».
>
> Patrul Rinpoche

Las instrucciones esenciales son solo una forma de trasladar el oro de las enseñanzas a tu vida cotidiana. Otra de ellas, que encontrarás si eliges reunirte con un Sangha o comunidad budista, es el uso de rituales y liturgias.

A lo largo de los siglos, la tradición budista encontró formas de destilar los puntos más esenciales de los tres *yanas* en liturgias de práctica. Las liturgias son resúmenes escritos de las enseñanzas que se recitan como parte de la práctica diaria de la meditación. Las liturgias budistas tienen muchas formas y extensiones diferentes, algunas son muy largas y detalladas, otras muy concisas y sucintas. Las liturgias incluyen palabras que se pueden recitar o cantar, normalmente en voz alta, y que resumen muchos de los puntos clave del camino budista. Todas las liturgias contienen tres elementos básicos. Tradicionalmente comienzan con ideas exploradas en el Vehículo Fundacional para reorientar nuestra mente y actitud hacia una nueva forma de percepción. En este contexto, estas ideas suelen darse en una forma conocida como los «Cuatro Pensamientos», que son:

1. Reflexiona en lo preciado de la vida humana.
2. Reflexiona sobre la impermanencia.
3. Reflexiona sobre las condiciones que conforman tu experiencia.
4. Reflexiona sobre el sufrimiento del *samsara*.

Reflexionar sobre el primer pensamiento central, la valía de la vida humana, significa considerar el don de haber nacido como ser humano. Desde el punto de vista budista, todos hemos nacido en incontables formas un número infinito de veces. Hemos quedado atrapados en el bucle del *samsara*, una existencia cíclica de sufrimiento e insatisfacción crónicos. La cosmología budista enseña que podemos adoptar muchas formas diferentes: tal vez humana o animal, o como un insecto o incluso como un espíritu incorpóreo. Ahora bien, se dice que la existencia humana encierra el mayor potencial. Tenemos el equilibrio justo de sufrimiento e inteligencia que nos permite hacer preguntas. No aceptamos necesariamente nuestra suerte sin examinarla, sino que podemos indagar y aprender. En la forma humana, esta mezcla de cualidades proporciona una potente oportunidad para el despertar.

El segundo de los Cuatro Pensamientos es una reflexión sobre la impermanencia. Aunque tenemos esta preciosa oportunidad como seres humanos, ninguno de nosotros sabe cuánto durará. La vida es frágil. Hay innumerables circunstancias que podrían hacernos perder lo que tenemos. Cuando nos tomamos a pecho el hecho de la impermanencia, vemos la realidad con más claridad y somos más propensos a centrarnos en lo que realmente importa. Dedicamos menos tiempo a actividades frívolas. Nos sentimos naturalmente motivados para hacer el bien y ser la mejor versión de nosotros mismos. Desde el punto de vista budista, reflexionar sobre la impermanencia es una de las cosas más poderosas que podemos hacer.

El Tercer Pensamiento nos incita a reflexionar sobre todas las condiciones que conforman nuestra experiencia: el principio del karma. El karma se presenta a menudo como destino, como si hubiera un futuro predeterminado hacia el que cada uno de nosotros se dirige. Sin embargo, la visión budista de cómo surge el futuro es todo lo contrario. Karma significa que cada momento de la experiencia se produce a través de una red increíblemente compleja de causas y condiciones. Contemplar el karma significa reflexionar sobre cómo lo que decimos, hacemos o incluso pensamos afecta a nuestra experiencia. Las enseñanzas sobre el karma hacen especial hincapié en que algunas acciones provocan dificultades y sufrimiento, mientras que otras traen felicidad y bienestar, y que algunas acciones incluso nos llevan más lejos en el camino del despertar. Como resultado, vemos que nuestras acciones –incluso las más pequeñas– realmente importan, ya que cada palabra, pensamiento y acto desempeñará un papel en la configuración de lo que experimentemos en el futuro.

El último de los Cuatro Pensamientos es una reflexión sobre el sufrimiento del *samsara*. Con esta contemplación, examinamos todas las cosas con las que soñamos en el *samsara* y examinamos lo que realmente pueden proporcionarnos. El resultado final es que vemos que incluso la posición más elevada en el *samsara* solo proporciona satisfacción a corto plazo. Tener todo el dinero o el poder del mundo o ser famoso, bello o gozar de una salud perfecta no nos satisfará durante mucho tiempo. Al final, el brillo siempre desaparece. En cambio, el camino del despertar puede ser difícil a veces, aunque cada vez es más gratificante. El placer a corto plazo puede ser menor, pero en términos de satisfacción a largo plazo… no hay competencia.

Aunque contemplar el sufrimiento y las dificultades puede sonar deprimente, resulta extrañamente edificante. Se trata de ver que muchas de las cosas que solemos buscar para ser felices en realidad no lo consiguen. Estamos condicionados para buscar el placer, pero, cuando damos un paso atrás y examinamos cómo es realmente la experiencia de perseguir el placer, normalmente vemos que nuestras expectativas están muy equivocadas. Como he mencionado antes, el sufrimiento prospera en el espacio entre nuestras expectativas y la realidad.

Estos cuatro pensamientos son el punto de partida de la mayoría de las liturgias budistas tibetanas. Con cada una de estas reflexiones, la idea es cambiar nuestra perspectiva para no dar por sentado ningún momento. Los Cuatro Pensamientos nos despiertan para que veamos nuestra vida como una oportunidad de seguir despertando. Nos invitan a sacar lo mejor de nuestras circunstancias, en este momento, aquí y ahora. Nos piden que nos centremos en lo que tiene más sentido.

El siguiente paso en la mayoría de las liturgias es el proceso de tomar refugio, el punto de partida del Vehículo Fundacional. En la tradición tibetana, se toma refugio cada día, cada vez que se practica. El refugio afirma nuestro compromiso con el camino espiritual y el camino del despertar. También es un momento de reconocimiento de la naturaleza búdica que todos llevamos dentro. El Buda, el Dharma y el Sangha se convierten en los medios prácticos que nos ayudarán a conseguirlo. En su forma tradicional, una liturgia suele contener un verso de cuatro líneas, que recitamos tres veces como forma de volver a conectar con la idea del refugio. Juntos, los Cuatro Pensamientos y la toma de refugio destilan la totalidad del Vehículo Fundacional.

A continuación, una liturgia tradicional pasa al punto clave del Mahayana, recordándonos que debemos reflexionar sobre nuestra motivación. Recitamos palabras que recuerdan la motivación de la *bodhichitta*: nuestra aspiración y compromiso de meditar y practicar en beneficio de todos los seres. El canto nos devuelve a la idea de que todos los seres tienen naturaleza de buda y el potencial para ser budas. Nuestra práctica se enmarca en esa motivación.

En cuanto a la forma en que recuerdan la sabiduría del Vajrayana, las liturgias son amplias y variadas. Algunas te guían para que imagines que eres un buda plenamente despierto. Otras ofrecen contemplaciones que permiten trabajar con las energías sutiles del cuerpo. Otras liturgias incluyen las prácticas sobre la naturaleza de la mente del Mahamudra o el Dzogchen, que indican cómo explorar directamente la naturaleza de la propia consciencia. Al margen de su diversidad, todas las liturgias son catalizadores de un profundo cambio de perspectiva. Nos guían paso a paso a través de los puntos clave del camino budista, acercándonos cada vez más a una experiencia directa de nuestra naturaleza búdica.

En un día cualquiera, puedes dedicar tiempo a todas estas piezas –instrucciones esenciales, liturgia, meditación– para insuflar nueva vida a tu práctica diaria. Puedes sentarte, reafirmar brevemente tu compromiso con el camino del despertar y, luego, dedicar un breve momento a reconectar con el corazón abierto de la *bodhichitta*. Por último, puedes soltarte y descansar en una conciencia abierta y fluida y, cuando el periodo de meditación llegue a su fin, terminar la práctica dedicando los resultados positivos al despertar de todos los seres. Con estos sencillos pasos, puedes combinar los puntos clave más importantes de los tres vehículos en una breve sesión de meditación. Puedes adoptar este enfoque tanto en la meditación formal como en la vida cotidiana. Por ejemplo, puedes conectar con la conciencia, la compasión y la sabiduría mientras lees las últimas páginas de este libro.

Practicar en un retiro

> «Aunque Milarepa pasó la mayor parte de su vida viviendo en cuevas remotas, millones de personas se han inspirado en su ejemplo a lo largo de los siglos. Al demostrar la importancia de la práctica en retiro, influyó en toda la tradición del budismo tibetano. Miles y miles de meditadores han manifestado las cualidades de la iluminación gracias a su dedicación».
>
> YONGEY MINGYUR RINPOCHE

Los periodos intensivos de retiro son otra forma poderosa de apoyar el proceso de despertar. Yo mismo participo en retiros de meditación en grupo cada año, y también reservo tiempo para retiros solitarios en los que medito por mi cuenta durante diez o doce horas al día, y a veces incluso más. Cuando vivía en Nepal y antes de tener una familia y un trabajo ajetreado, solía pasar meses de retiro al año. Otros años, mis retiros han sido más breves –a veces una semana o dos, o incluso uno o dos días–, pero todos han sido muy útiles.

Un retiro puede durar incluso unas horas una mañana de fin de semana. En realidad, cualquier periodo de práctica intensiva puede considerarse un retiro. Ninguna cantidad es demasiado pequeña y, para algunos, ninguna es demasiado larga. Ha habido muchos y grandes maestros de meditación a lo largo de los tiempos, como el ermitaño tibetano Milarepa, que pasaron la mayor parte de su vida en retiro.

Menciono aquí el retiro porque prácticamente todos los grandes maestros de la tradición budista practicaron en retiro. La práctica diaria constante es transformadora y absolutamente esencial en el camino del despertar, pero el retiro nos proporciona el tiempo y el espacio para explorar con profundidad nuestra naturaleza búdica. A lo largo de los años, he conocido a innumerables personas que se sorprendieron a sí mismas cuando hicieron su primer retiro. He conocido a practicantes extrovertidos que estaban seguros de que no serían capaces de permanecer en silencio y a personas inquietas que no podían imaginarse sentadas sin moverse durante horas y horas, que vieron cómo sus expectativas se derrumbaban con la experiencia real del retiro. También he conocido a personas con vidas ajetreadas o medios económicos limitados que, una vez que se comprometían, encontraban de algún modo las circunstancias adecuadas para participar en un retiro.

Hay muchas formas potentes e intensas de entrar en contacto con tu naturaleza despierta, pero practicar en un retiro es uno de los métodos más probados que encontrarás.

Experiencia y realización

> «No hay mejor señal de realización que una mente disciplinada. Esta es la auténtica victoria del verdadero guerrero que no lleva armas».
>
> CHATRAL RINPOCHE

Si soy sincero conmigo mismo, he de admitir que cuando empecé a meditar había muchas ocasiones en las que me perdía por completo. Mis sesiones siempre eran beneficiosas y dedicaba tiempo a mi práctica con diligencia, pero buscaba constantemente las «buenas meditaciones», esos momentos en los que mi ajetreada mente por fin se ralentizaba un poco. Quería sentirme diferente al meditar. Cuando se producían esos momentos, experimentaba una oleada de excitación: «Oh, por fin la meditación está funcionando. Algo está cambiando de verdad». Mi torrente interminable de pensamientos se calmaba y vislumbraba la paz interior. Esos momentos son agradables y, por supuesto, quería más. Como muchos de nosotros, me enamoré de la mística de perseguir un «estado alterado».

Paradójicamente, el gran reto de la meditación no siempre son las experiencias difíciles, sino que también pueden ser las agradables. Como ya habrás oído muchas veces, el verdadero objetivo del camino es conectar con nuestra conciencia, compasión y sabiduría innatas. Sin embargo, las experiencias positivas pueden ser embriagadoras. Cuando hemos estado estresados y sufriendo toda nuestra vida, es comprensible que nos quedemos atrapados persiguiendo los subidones del proceso de meditación. Es muy fácil creer que esas experiencias positivas son la razón por la que estamos meditando, y empezamos a buscarlas. Nuestro ego puede incluso quedar atrapado en esos momentos: puede que sintamos orgullo. Lo que es casi seguro es que sintamos apego. En casos extremos, podríamos pensar que estamos realmente iluminados.

Las experiencias positivas suelen durar solo unos instantes, minutos u horas, pero a veces persisten más tiempo. En algunos casos pueden durar días, semanas o más. Sin embargo, incluso la naturaleza de esas experiencias más largas es que cambian. Se producen en función de causas y condiciones, y cuando esas causas y condiciones cambian, también lo hacen las experiencias. Esa es la naturaleza del karma.

Cuando las experiencias positivas llegan a su fin, las experiencias desagradables suelen seguir su estela. De la misma manera que nos apegamos a las experiencias positivas y las perseguimos, cuando en nuestra práctica ocurren cosas difíciles y desagradables, es fácil pensar que estamos haciendo algo mal. Desarrollamos apego a las experiencias positivas y aversión a las llamadas negativas. Y entonces empezamos a juzgar nuestra práctica de meditación a través de la lente de estas experiencias meditativas pasajeras y transitorias.

Las fluctuaciones que se producen durante la meditación pueden manifestarse como periodos en los que tu mente se siente más tranquila y serena de lo habitual; puede que incluso te sientas feliz o en éxtasis. Ahora bien, habrá otros momentos en los que afloren emociones fuertes o viejos recuerdos, o en los que surjan problemas de salud u otras experiencias desagradables. Pero como le gusta decir a uno de mis maestros, meditar aunque solo sea unos minutos con una de estas experiencias difíciles, o simplemente tener la intención de hacerlo, es mucho más poderoso y transformador que meditar cuando las cosas van bien.

Y lo que es más importante, desde el punto de vista de la tradición tibetana, tanto los estados meditativos placenteros como los desagradables se denominan *nyam,* experiencias condicionadas y transitorias; son destellos temporales y no aspectos fundamentales del ser. En más de una ocasión, he visto a un profesor tibetano ignorar estas experiencias cuando las comentaba con un alumno. Un alumno puede compartir con orgullo una experiencia «profunda» que ha tenido en su sesión de meditación, y entonces el maestro puede decir: «Oh, no es para tanto. No te preocupes por eso», y luego pasar bruscamente a otro tema. Podría parecer que está rebajando la experiencia del alumno. Más bien, el maestro está intentando no alimentar la experiencia de ninguna manera. ¿El mensaje? Hay que soltarlas.

Cuando emprendas un largo viaje por las montañas, a veces subirás y a veces bajarás, pero mientras vayas en la dirección correcta, todas estas subidas y bajadas son un progreso. El camino de la meditación no es diferente. Habrá muchos altibajos. Los periodos de bajada no parecen un progreso, pero son tan importantes como los momentos en los que se alcanza la cima de la montaña.

En la tradición tibetana existe una importante distinción entre las experiencias meditativas y la verdadera realización. Esto plantea una pregunta: ¿Qué es la verdadera comprensión? ¿Cómo medimos el progreso?

La respuesta radica en el comienzo de este capítulo y de todo el libro: el punto clave de todo el camino es simplemente conciencia, compasión y sabiduría. La percepción genuina no siempre es llamativa. Los momentos álgidos de la meditación son fuera de lo común. La conciencia, la compasión y la sabiduría, por otro lado, pueden parecer completamente ordinarias a veces. La razón es sencilla: son ordinarias porque están con nosotros todo el tiempo. Entrar en contacto con nuestra naturaleza búdica es como encontrarse con un viejo amigo de confianza, mientras que los momentos álgidos de la meditación se parecen más a un romance relámpago.

Pongamos un ejemplo práctico: la conciencia es simplemente la cualidad de conocer de tu propia mente. Dispones de tanta conciencia ahora mismo, en este momento, como la persona más iluminada que jamás haya existido, incluso tanta como el mismísimo Buda. La verdadera cuestión es si estás o no en contacto con la conciencia. Eso puede variar mucho de una persona a otra. Cuando conectamos por primera vez con la consciencia, en algunas personas puede desencadenar estados de consciencia elevados o alterados, como sensaciones de intensa claridad o viveza de los sentidos. Tu mente puede sentirse muy abierta y espaciosa. Todo esto puede sonar muy parecido a la consciencia, pero todos son *nyam*, estados meditativos transitorios. Cuando ocurren, es fácil confundirlos con la consciencia y aferrarse a ellos.

La conciencia está totalmente presente en estos estados alterados, pero también lo está cuando tu mente está embotada y confusa. Está ahí cuando te sientes confuso, reactivo o a años luz de algún estado despierto del ser. Puedes conectar con la conciencia tanto cuando tienes sueño como cuando estás despierto y presente.

¿Cómo es posible? Bueno, como hemos aprendido antes, la conciencia es simplemente la cualidad conocedora de tu mente. Cuando prestas atención a la experiencia de estar somnoliento y aletargado o a un estado emocional fuerte como el miedo o la ira, estás conectando con la conciencia. Tu somnolencia no tiene por qué cambiar. No tienes que dejar de estar enfadado si eso es lo que sientes. El poder transformador de la práctica está en el acto de conectar con la conciencia. El centro de tu experiencia se desplaza de la experiencia en sí (somnolencia o enfado) a la conciencia, y, cuando lo haces, eres libre.

La esencia de la meditación es cambiar hacia la conciencia, la compasión y la sabiduría. Recorrer el camino es simplemente el proceso de utilizar todos los altibajos de tu vida como oportunidades para profundizar tu conexión con estas tres cualidades. Así que, si alguna vez te preguntas si realmente estás progresando, no te preocupes por tu estado mental actual. Eso siempre cambiará. En lugar de eso, da un paso atrás y hazte preguntas como estas:

- ¿Estoy más presente y consciente que hace unos años, o estoy más distraído?
- ¿Estoy menos obsesionado con mis propias necesidades y más abierto al bienestar de los demás? ¿Estoy más en contacto con las motivaciones que hay detrás de lo que digo y hago e incluyo a los demás en mis aspiraciones?
- ¿Veo las cosas con más claridad en mi vida? ¿Tengo más curiosidad por mis propios pensamientos, sentimientos y creencias, o me estoy volviendo más rígido y fijo en mi forma de pensar y actuar?
- ¿Encuentro cosas que apreciar en mi día a día con más facilidad que antes? ¿Hay más alegría y satisfacción?
- En resumen, ¿estoy más o menos en contacto con la conciencia, la compasión y la sabiduría, y puedo permanecer conectado a estas cualidades en mi vida diaria?

Si puedes responder afirmativamente a cualquiera de estas preguntas, eso es señal de progreso. No importa si en ese momento te sientes profundamente emocionado o no tienes emociones, ni si tienes lo que consideras emociones «correctas» o «incorrectas». No importa si tu mente está llena de pensamientos o en blanco. Y no importa si eres la persona más relajada del planeta o si eres superenergético y siempre estás en movimiento. Todo eso son experiencias pasajeras. La conciencia, la compasión y la sabiduría son el corazón de este camino: siempre están aquí, en el núcleo de lo que somos.

Nubes en el cielo

La naturaleza búdica siempre está contigo. Puede que la reconozcas o puede que no, pero siempre está aquí. Sabrás que estás conectando con algo auténtico cuando veas que, por muchas veces que parezcas alejarte de ella, siempre está ahí para que vuelvas a conectar con ella, como un viejo amigo.

Nuestras respuestas mentales y emocionales habituales, los papeles que desempeñamos, nuestras relaciones y otras partes de nuestra identidad son todo lo contrario. Son tan cambiantes como el tiempo. Piensa en la relación entre las nubes y el cielo. Cuando miramos al cielo, solemos fijarnos en las nubes o en el tiempo que haga ese día, pero la apertura del cielo es mucho más esencial que las nubes que pueda haber. Al cielo no le hace daño un tornado o una tormenta, y el cielo no es mejor cuando está lleno de esponjosas nubes blancas y arcos iris. El cielo es simplemente el espacio abierto que puede albergarlo todo. La apertura del cielo es tan ordinaria y tan omnipresente que podríamos echarla de menos, pero, sin esa apertura, nada más sería posible. No habría espacio para todos los coloridos patrones climáticos que van y vienen.

Lo mismo ocurre con nosotros. Nos quedamos tan atrapados en todos los patrones climáticos de la vida, que nos perdemos por completo la apertura básica de nuestro propio ser. En el fondo, no somos las criaturas neuróticas que a menudo pensamos que somos. Estamos rebosantes de las cualidades de nuestra naturaleza despierta.

La apertura de la conciencia suele denominarse conciencia imparcial. Esta expresión capta un aspecto importante de la conciencia plena, pero también es fácil malinterpretarla. Cuando decimos «imparcial», es fácil pensar que la mente pensante se apaga cuando meditamos o que debería hacerlo, pero eso no es lo que significa el término *imparcial* en el pensamiento budista. La conciencia imparcial apunta a cómo la conciencia misma está más allá de todos los pensamientos, etiquetas, reacciones y juicios que se mueven en nuestras mentes.

El cielo abierto de la conciencia no juzga las experiencias que la atraviesan. Cuando te sumerges en la conciencia, te sumerges en el aspecto de tu propio ser que inherentemente no juzga. La conciencia puede contenerlo todo. Es infinitamente más expansiva que tu mayor pensamiento o sentimiento, y es más importante para ti que tu mejor ángel o tu peor demonio. Es útil recordar esto cuando se manifiestan tus tendencias más neuróticas. Pueden sentirse como la totalidad de lo que eres, pero también son experiencias que están de paso. No necesitas preocuparte por ese momento neurótico más de lo que el cielo necesita preocuparse por una nube.

El proceso de soltar nuestros viejos juicios y creencias profundamente arraigadas lleva tiempo. Algunos de ellos pueden habernos acompañado durante la mayor parte de nuestra vida. Una creencia que me acompañó durante mucho tiempo en la edad adulta fue la idea inconsciente de que no trabajaba lo suficiente o no hacía lo suficiente. Esto se remonta a mi infancia, cuando los adultos me recordaban a menudo que mi tendencia a quedarme tumbado y leer se parecía mucho a la pereza. Unas décadas más tarde, daba igual lo que hiciera o consiguiera: siempre tenía la sensación de que debía esforzarme más. Incluso trasladé este hábito mental a mi práctica de meditación. Me atormentaba la sensación de que no meditaba lo suficiente ni hacía suficientes retiros. Incluso cuando vivía en Nepal y hacía retiros largos, de alguna manera nunca sentía que estaba exprimiendo todo mi potencial.

Durante la mayor parte de esos años, esto fue completamente inconsciente. No cuestionaba la voz de mi cabeza. Parecía cien por cien cierta y real, a pesar de que estaba muy inmerso en prácticas diseñadas para ayudarme a ver estos patrones con claridad. Pero, en cierto momento, fue como si mi cabeza saliera de las nubes de la autocrítica. Vi esas viejas creencias, y todos los pensamientos, recuerdos y emociones que desencadenaban, como lo que eran: hábitos obsoletos arraigados en mi educación. En el momento en que los reconocí con claridad, fue como si les hubiera arrebatado todo su poder. Los viejos pensamientos podían surgir en mi mente, pero no se afianzaban de la misma manera. Pasaban con más rapidez, como un breve chaparrón en el cielo de verano.

Este es el poder de la conciencia imparcial. La conciencia en sí misma es infinitamente abierta, expansiva y complaciente. La libertad interior que promete la meditación no es la libertad de nuestros demonios interiores en el sentido de matarlos o desterrarlos para siempre. No es un interruptor mágico que elimina todos nuestros juicios y hábitos neuróticos. Es más bien la confianza que surge de ver que, cuando caemos en la conciencia, nuestros demonios internos no tienen poder sobre nosotros. Reconocer nuestra naturaleza búdica nos da la libertad de estar presentes en toda la gama de la experiencia humana –desde los momentos más elevados hasta los más bajos– sin perder el contacto con la conciencia, la compasión y la sabiduría.

La vida de un yogui cabeza de familia

> «El amor y la compasión son necesidades, no lujos. Sin ellos, la humanidad no puede sobrevivir».
>
> Su Santidad el Daláí Lama

Hacer uso de las instrucciones esenciales, practicar con un Sangha, encontrar un maestro, hacer retiros ocasionales... todas estas son formas de integrar el camino budista en nuestra vida cotidiana. Y la meditación, por supuesto, pone en marcha todo el proceso. Nos inicia en el camino y nos proporciona el combustible para mantener nuestro impulso en el viaje. A partir de ahí, el verdadero trabajo consiste en entretejer estas ideas profundamente en el tejido de nuestras vidas. En el capítulo 1, mencioné el arquetipo del yogui cabeza de familia, que considero el modelo más relacionado con la práctica del budismo en la actualidad. La mayoría de nosotros tenemos familia, trabajo y relaciones; *y queremos* meditar y profundizar en nuestra práctica espiritual. Queremos una vida rica y plena, pero no si eso significa dejar atrás todo lo que apreciamos.

Como yoguis cabezas de familia, podemos encontrar formas de incorporar mindfulness y la meditación a nuestra vida cotidiana. Cuando estaba en la universidad, trabajaba a tiempo parcial repartiendo pizzas. Pasaba horas y horas de mi vida en el coche. Un día, se me ocurrió que podía aprovechar el tiempo para meditar. Apagué la radio e intenté una sencilla práctica de meditación. Era tan sencilla y, sin embargo, tan poderosa. No estaba en un estado alterado de consciencia. Permití que mi mente solo fuera consciente de la conducción y fuera consciente de mi cuerpo. Si antes veía todas las horas de conducción sin sentido como impedimentos para mi práctica de meditación, esta actividad tan mundana se convirtió en algo significativo y transformador.

Todos tenemos actividades cotidianas que podemos utilizar como oportunidades para practicar. Cualquier cosa y todo puede convertirse en un apoyo para la meditación, aunque solo sea estar atento y ser consciente de lo que ocurre en el momento presente. No utilices solo los buenos momentos. De hecho, los momentos difíciles y más mundanos pueden ser los más poderosos. Intenta meditar cuando estés en un atasco, en una cola o en una llamada en espera. Pruébalo cuando tu vuelo se retrase, o incluso cuando estés en casa enfermo con fiebre o resfriado. En esos momentos, intenta volver a la conciencia, a la presencia en ti.

Otra forma de practicar como yoguis cabezas de familia es conectando con la compasión en breves momentos a lo largo del día. La compasión, quizás incluso más que la conciencia, es algo que puedes practicar todo el tiempo, en cualquier lugar, sin importar lo que estés haciendo. No hace falta que te dediques a algo virtuoso o espiritual. Por ejemplo, puedes vincular algo como lavar los platos o sacar la basura a una expresión de amor y generosidad. En lugar de mirar los platos apilados en el fregadero y pensar con resentimiento: «¿Por qué tengo que hacer esto?», puedes pensar: «Quiero que la cocina esté limpia». Ese es el primer paso. Yendo más allá, podrías preguntarte: «¿Por qué quiero que la cocina esté limpia? Bueno, me gustaría tener una cocina limpia, pero también quiero que mi compañero(a) de piso tenga una casa bonita y limpia en la que vivir. Quiero que sientan que es un lugar cálido y cariñoso donde vivir». De repente, el simple hecho de lavar los platos está relacionado con la bondad y el amor.

Puedes dar un paso más en esta práctica de la compasión y pensar: «Hay innumerables personas haciendo cosas en este mismo momento por amor. Que lo que estoy haciendo ahora mismo forme parte de esta gran corriente de amor en el mundo». De repente, no solo has vinculado esta actividad mundana a algo positivo, sino que la has vinculado a algo mucho más grande en el mundo. Y llevándolo aún más lejos, podrías considerar la motivación de la *bodhichitta* y dedicar tu lavado de platos a todos, en todas partes –a todos los seres, a todas las formas de vida–, para que puedan reconocer su propia y verdadera naturaleza de conciencia y compasión.

A menudo sugiero a los compañeros yoguis que lo más esencial para la vida cotidiana es crear el hábito de vincular todos los pasos que damos en nuestra rutina diaria con la compasión. Cuando empieces una nueva reunión, vuelve a la compasión. Cuando envíes un mensaje o le des a «me gusta» a una publicación en las redes sociales, vuelve a la compasión. Ni siquiera tienes que dejar de hacer lo que estás haciendo. La motivación se convierte en una fuerza que recorre tu vida. Deja que la compasión te lleve a lo largo del día. La compasión puede convertirse en la fuerza energetizante que te motive e inspire.

Disponemos de muchos momentos al día. Y en un momento dado, nuestras mentes se llenan de todo tipo de pensamientos, juicios, suposiciones, creencias y expectativas. Todo esto se arremolina en nuestra mente en cada momento de cada día. Podemos utilizar estos momentos para hacernos conscientes o sentir compasión, pero también podemos utilizarlos para explorar y comprender. Por ejemplo, cuando te sientas juzgado, puedes animarte a permanecer abierto y examinar esos sentimientos, sin clasificarlos como buenos o malos. Puedes ir por la vida con una actitud curiosa hacia tu mente y tus emociones, impregnada de calidez y cariño.

Cuando incorporas breves momentos de conciencia, compasión y sabiduría a tu rutina diaria, ya no eres solo un meditador. Estás viviendo una vida meditativa. Eres un yogui cabeza de familia.

Como yoguis cabezas de familia, podemos vivir de un modo que nos beneficie no solo a nosotros mismos y a las personas que nos importan. Nuestra práctica puede ser, en última instancia, una fuerza para el bien en el mundo. Cada momento tiene un potencial transformador. Puede parecer que la práctica que hacemos en la vida diaria solo nos afecta a nosotros mismos o a las pocas personas con las que interactuamos, pero incluso un pequeño acto de bondad puede tener un vasto efecto dominó. Nunca se sabe hasta dónde puede llegar.

Vivimos en una época en la que estamos inundados de información negativa. Las noticias, las redes sociales, todo alimenta nuestro sentido de división social, miedo y ansiedad. Cuando practicamos como yoguis cabezas de familia, tenemos la oportunidad de crear pequeñas ondas que se extienden por el mundo. En lugar de difundir miedo y ansiedad, podemos difundir conciencia, compasión y sabiduría. Nuestra práctica puede convertirse en un regalo para el mundo y en un catalizador para el cambio también en los demás.

Todos intentamos averiguar en qué consiste ser humano, pero a menudo no nos damos cuenta de que en las cosas difíciles de la vida es donde más aprendemos y crecemos. Nuestras luchas son los lugares donde a menudo adquirimos más sabiduría y empatía. Piensa en tu sistema inmunitario. La ciencia nos dice que si tu sistema inmunitario no se enfrenta a retos saludables, no crecerá ni se fortalecerá. Los niños necesitan estar expuestos a gérmenes para generar una respuesta inmunitaria sana. Lo mismo ocurre con nosotros emocional, psicológica y espiritualmente. Nuestros retos nos ayudan a construir resiliencia y, cuando contamos con las herramientas adecuadas, pueden conducir a potentes transformaciones.

Como he escrito antes, la ansiedad fue el catalizador de toda mi trayectoria vital. Si no me hubiera sentido completamente abrumado cuando pisé por primera vez el campus universitario hace treinta años, nunca habría buscado la práctica de la meditación. Puede que no luches contra la ansiedad como yo, pero tienes algo de equipaje que llevas contigo. Todos lo tenemos. Y aunque la mayoría de nosotros pasamos una cantidad desmesurada de tiempo y energía huyendo de nuestras sombras y demonios interiores, fingiendo que no existen o enganchándonos a ellos, estas mismas experiencias pueden ser nuestros mejores maestros si contamos con las herramientas adecuadas.

La oportunidad que todos tenemos es la de soltar todas las creencias anticuadas que llevamos sobre el mundo y otras personas, y especialmente sobre nosotros mismos. Podemos abrirnos a la posibilidad de que, en el fondo, somos fundamentalmente íntegros y completos. Toda la paz mental y la satisfacción que tan a menudo nos eluden en la vida no es algo que podamos esperar conseguir en una vida de cuento de hadas que nunca tendremos. Podemos llevar una vida rica y plena –una vida despierta– poniéndonos en contacto con las cualidades que ya tenemos.

Epílogo

La visión a largo plazo

> «Venid ahora, monjes, os digo: todas las cosas condicionadas llegan a su fin. ¡Practicad con diligencia!».
>
> Las últimas palabras del BUDA

Mientras trabajaba en este libro, hice un viaje a Katmandú, Nepal. Aunque he pasado muchos años de mi vida allí, esta era mi primera visita en más de cinco años. Me alojé en Tergar Osel Ling, que es el monasterio principal de mi maestro Mingyur Rinpoche, y recordé lo potente que puede ser vivir en un lugar que apoya el camino de la meditación. Cada mañana me despertaba con el sonido de los cánticos y pasaba días enteros rodeado de monjes y de toda la colorida imaginería del monasterio. Aunque nada de esto era nuevo para mí, me sentía más inspirado y conectado con mi práctica de meditación de lo que me había sentido en mucho tiempo.

Por desgracia, mi sereno entorno era temporal. Solo fue una semana de mi ajetreada vida. Pronto volví a casa y la paz del monasterio fue sustituida por el caos del mundo moderno.

He hecho esta transición en muchas ocasiones, y cada vez he recordado los retos a los que nos enfrentamos en la era actual.

Hemos sustituido las interacciones humanas genuinas por simulaciones digitales. El tiempo en la naturaleza es algo que ha quedado reducido a las vacaciones, y, para muchos de nosotros, nuestro tiempo de inactividad es solo más tiempo de pantalla. Consumimos grandes cantidades de información a través de nuestras redes sociales y recibimos un bombardeo constante de mensajes y medios de comunicación, pero, en su mayor parte, la información que consumimos es como la comida basura. Nos satisface en el momento, pero nos deja vacíos e insatisfechos.

En lo tocante a nuestra salud mental y bienestar emocional, el mundo no nos está haciendo ningún favor. Las mismas tendencias sociales que estimulan el crecimiento económico y el progreso tecnológico pueden hacer que nos sintamos vacíos y empobrecidos por dentro. Nos recuerdan mil veces al día que no somos lo suficientemente ricos, exitosos, jóvenes o delgados. En pocas palabras, ser humano no es fácil hoy en día, ni siquiera en las mejores circunstancias.

Mi esperanza es que este libro te haya aportado algo de confianza en el hecho de que sí *eres* suficiente, y algo de inspiración para explorar tu experiencia interior y conectar con tu naturaleza búdica. La buena noticia es que la antigua sabiduría de las tradiciones meditativas del mundo es ahora más accesible que nunca. Poderosas herramientas y prácticas que antes solo estaban al alcance de unos pocos elegidos ahora pueden ser practicadas por cualquiera. Todo lo que necesitamos es la honestidad para darnos cuenta de que algo en esta forma de vida no funciona del todo y el valor para probar algo nuevo. El budismo puede ser o no el camino adecuado para ti, pero espero que las ideas y prácticas que hemos explorado juntos te den más confianza para continuar tu viaje.

Sigue practicando. Verás que llegarán momentos de comprensión, momentos de claridad. Con el tiempo, tus neurosis, los patrones emocionales y el sufrimiento que podrías haber tomado como conclusiones definitivas de lo que eres comenzarán a aflojar su agarre. La conciencia, la compasión y la sabiduría se convertirán en tu nuevo hogar. Si no me crees, no hace falta que lo hagas: con la práctica lo descubrirás por ti mismo.

Puede que todo te haya parecido muy sencillo mientras leías este libro. Simplemente sé amable con los demás, haz todo lo posible por estar tranquilo y centrado, y no te dejes atrapar por creencias y reacciones emocionales malsanas. Pero la próxima vez que te sientas estresado por tu interminable lista de tareas pendientes o tu amigo o pareja te diga algo poco amable, lo más probable es que te encuentres perdido en los mismos viejos patrones. Si tomas una instantánea de tu práctica en ese momento, puede que te sientas decepcionado o te juzgues a ti mismo. Pero darte cuenta de que te has quedado atrapado en un viejo patrón inútil no es un fracaso. Es la vida.

El budismo no es una versión idealizada del ser humano que nunca podremos alcanzar. Cuando empieces o des los siguientes pasos en lo que espero que se convierta en una práctica para toda la vida, te animo a que mires a largo plazo, y esto se aplica no solo a la meditación, sino también a la vida diaria. El camino requiere grandes dosis de paciencia y autocompasión, y en esos momentos en los que parece que no lo estás haciendo bien –cuando tu mente divaga por vigésima vez o te sientes enfadado o angustiado– recuérdate a ti mismo que eso también forma parte del camino. Amplía la perspectiva. Observa tu práctica más allá de lo que ocurra ese día. Verás que, con el paso de los días, las semanas, los meses y los años, has crecido enormemente en conciencia, compasión y sabiduría.

Escucha profundamente tu propia experiencia interior. La verdadera escucha nos invita a estar abiertos y a prestar atención. Escuchar, y el conocimiento interior que surge de la escucha, nos permiten desarrollar una confianza en nuestra propia experiencia. Esa confianza en uno mismo es importante; nos permite confiar en nosotros mismos a medida que avanzamos por el camino, independientemente de lo que nos ocurra.

Cuando nos escuchamos a fondo, no solo nos hacemos conscientes de nuestra experiencia, sino que también sintonizamos con nuestra conexión permanente con todos los seres, con todas las formas de vida. Esta conexión se manifiesta de forma natural en cada momento. Una de las ilusiones que superamos en el camino es la idea de que somos islas en la experiencia. Creemos que estamos aislados y separados unos de otros, pero lo cierto es que nuestra mente y nuestra experiencia están a todas horas influidas por nuestro entorno y nuestras relaciones con los demás. Incluso cuando estamos físicamente solos, lo que pensamos, lo que hacemos y cómo nos vemos a nosotros mismos está determinado por todas las conexiones que tenemos con los demás. Practicar la meditación nos ayuda a percibir estas conexiones con mayor claridad.

Con el tiempo, esta habilidad de escucha interior profunda también puede dirigirse cada vez más hacia los demás: hacia nuestra pareja, nuestros hijos, nuestros amigos. Podemos hacerlo incluso en las interacciones más mundanas que tenemos a lo largo del día: con los desconocidos que nos cruzamos por la calle o con las personas con las que nos relacionamos cuando hacemos recados. Escucharnos a nosotros mismos, a los demás y al mundo consiste en dejar de lado nuestra necesidad constante de comentar y reaccionar ante lo que oímos o vemos. Da un paso atrás y simplemente mantén el espacio en tus encuentros. Aporta calidez y aprecio al acto de escuchar a las personas de tu vida.

Al desarrollar la capacidad de escuchar –tanto a los demás como a tu propia experiencia– estás apoyando y fortaleciendo un don que el mundo necesita desesperadamente. La conexión que surge de ese tipo de escucha es preciosa y profunda. Escuchar con los ojos y los oídos abiertos –a ti mismo y al mundo– te ayudará a ver la belleza y la riqueza de todas las personas y de todo lo que encuentres. Te ayudará a sentirte más profundamente conectado con todos y con todo en tu vida, incluso con las partes que te resultan difíciles.

Como pensamiento de despedida, recuerda el valor del Buda cuando estaba en el umbral de su palacio. Debió de experimentar tremendas dudas y vacilaciones. Probablemente sintió miedo, soledad y el peso de un futuro incierto, pero también debió de sentir emoción y regocijo, una sensación de posibilidad, la oportunidad de intentar algo nuevo y atrevido.

Dondequiera que te encuentres en el camino de tu vida, es probable que tengas que cruzar tu propio umbral; puede que ahora mismo te encuentres en ese umbral. Abrirse al cambio y a la transformación nunca es fácil, pero el reto merece la pena. Puede que te estés adentrando en la incertidumbre, pero también te estás adentrando en un mundo lleno de posibilidades, especialmente la oportunidad de vivir una vida rica y llena de sentido.

Te agradezco de verdad que te hayas tomado el tiempo de incluirme en tu viaje personal leyendo este libro. Sea cual sea el camino que te aguarde, que esté lleno de alegría, autodescubrimiento y amor.

Agradecimientos

Hay mucha gente a la que agradecer la escritura de este libro. En primer lugar, quiero dar las gracias a los maestros y mentores que me han guiado en mi viaje personal. Yongey Mingyur Rinpoche ha sido una fuente constante de sabiduría y guía en mi camino durante más de dos décadas. Sus enseñanzas impregnan cada página de este libro y son una fuente continua de inspiración. Nunca podré corresponder a su enorme generosidad. También me gustaría dar las gracias al difunto Chatral Rinpoche, un verdadero maestro iluminado de la tradición Dzogchen, y a Khenpo Sherab Sangpo, uno de los eruditos más amables y sabios de esta era. Tuve la suerte de aprender de estos dos diestros maestros, y sus enseñanzas siguen inspirando mi camino espiritual. También he aprendido de muchos otros maestros a lo largo de los años, demasiados para enumerarlos aquí, pero me gustaría dar las gracias específicamente a Dzogchen Ponlop Rinpoche, Chökyi Nyima Rinpoche, Tsoknyi Rinpoche, Kyabje Trulshik Rinpoche, Getse Rinpoche y a mi querido amigo y maestro Khenpo Kunga. Por último, pero no por ello menos importante, me gustaría dar las gracias a mi amigo, estrecho colaborador y gurú de la ciencia, el doctor Richard Davidson. No podría imaginar cómo sería mi vida sin la sabiduría de estas personas extraordinarias.

La redacción de este libro nunca habría tenido lugar sin el maravilloso equipo de Shambhala Publications. Casey Kemp fue el primero que me pidió que lo escribiera. Nuestras primeras conversaciones constituyeron la base de todo lo que encontrarás en estas páginas. También me gustaría dar las gracias a Nikko Odiseos, presidente de Shambhala Publications, por su apoyo durante todo el proceso. Me gustaría dar las gracias especialmente a mi editor, Matt Zepelin: cuidó del libro durante todo el proceso de publicación como un pastor sabio; su perspicaz trabajo mejoró enormemente el manuscrito final.

Debo una reverencia de gratitud especialmente profunda a Haven Iverson. Haven fue mi compañera inseparable en la creación de este libro. Tomó los manuscritos en bruto de una clase que impartí en 2022 y los convirtió en el primer borrador del libro, y luego me ayudó a afinar el mensaje y a elaborar el lenguaje a través de muchas iteraciones. En pocas palabras, este libro no existiría sin su enorme cuidado y habilidad.

Muchos amigos y compañeros estudiantes del Dharma me ayudaron en varias etapas de la escritura de este libro, entre ellos Nina Comiskey, Susan Kaiser Greenland, Meryem Keskin, Nico Hase, Tim Olmsted, Justin Ralph y Antonia Sumbundu; todos los cuales leyeron el manuscrito y proporcionaron comentarios perspicaces. Quiero dar las gracias a mi familia y amigos por su cariño y apoyo. Mi madre y mi difunto padre siempre me animaron en mis muchas andanzas por el mundo, incluso cuando no había un camino discernible hacia una vida y una carrera normales. Siempre les estaré agradecido por sus cuidados y su apoyo inquebrantable. También quiero dar las gracias a mis queridos amigos y hermanos dhármicos de toda la vida, Edwin y Myoshin Kelley, Tim Olmsted y Antonia Sumbundu. Trabajar con ellos a lo largo de los años como instructores de la comunidad Tergar ha sido una de las grandes bendiciones de mi vida. Me gustaría dar las gracias especialmente a mi hijo CJ, que ha sido el centro de mi vida desde el día en que nació y, por desgracia para él, el destinatario de mis muchos intentos experimentales de enseñar a meditar a un niño pequeño.

Por último, siento un enorme amor y gratitud por mi esposa, compañera espiritual, amiga y sabia consejera, Kasumi Kato. Ha estado a mi lado, compartiendo su amor y sabiduría (y sus perspicaces comentarios editoriales) de principio a fin. Mi vida tendría mucha menos alegría y sentido sin ella.

Dedico todo lo bueno que se derive de este libro a todos los que acaban de emprender el camino, tanto si están dando sus primeros pasos como si comienzan un nuevo día de un largo viaje. Que todos descubráis el tesoro oculto de vuestra naturaleza búdica.

Glosario

Ahimsa: principio de no violencia y enseñanza ética fundamental del Vehículo Fundacional o Hinayana. Este principio hace hincapié en evitar conscientemente acciones que causen sufrimiento a otros seres sensibles.

Anatman: véase *sin-yo*.

Arhat: literalmente «destructor de enemigos»; practicante que ha comprendido con plenitud la naturaleza del *sin-yo* y ha realizado el *nirvana*. Es el estado final del despertar en el Vehículo Fundacional o Hinayana.

Atman: literalmente «yo»; la creencia en un yo «cosificado» y específicamente la creencia en un yo que es permanente, singular e independiente de causas y condiciones.

Bodhichitta: la motivación y el compromiso en el corazón y la mente de ayudar a todos los seres a despertar a su verdadera naturaleza.

Bodhisattva: alguien que, motivado por la compasión, ha asumido el compromiso de ayudar a todos los seres a despertar a su verdadera naturaleza.

Buda: alguien que ha despertado a su verdadera naturaleza y ha aprovechado todo su potencial de conciencia, compasión y sabiduría. En mayúsculas, se refiere a Siddhartha como «el Despierto».

Camino intermedio: la vía descubierta por el Buda que traza un camino hacia el despertar evitando los dos extremos del ascetismo (negar las necesidades del cuerpo) y la indulgencia (buscar el placer para encontrar la felicidad). En evoluciones posteriores de la tradición budista, el camino intermedio también se desarrolló como una filosofía centrada en el principio de la vacuidad.

Conciencia pura (sánscrito: *vidhya*; tibetano: *rigpa*): la naturaleza de la consciencia; la cualidad de conocimiento vacía e inasible de la mente que subyace a toda experiencia.

Cuatro Nobles Verdades: el marco fundacional de todo el camino budista que describe cómo y por qué sufrimos y cómo podemos aprender a prosperar y florecer. Estas cuatro verdades básicas son que 1) la vida implica sufrimiento, 2) hay factores en nuestra propia mente que crean este bucle de sufrimiento, 3) podemos soltar los factores internos y trascender el sufrimiento y 4) el Óctuple Sendero proporciona pasos para conducirnos fuera del laberinto del sufrimiento.

Dharma: las enseñanzas del Buda, refiriéndose a las enseñanzas escritas y orales de la tradición budista y también a la realización interior que generan en quienes las estudian y se refugian en una experiencia verdadera y vivida de ellas.

Dukkha: el sufrimiento o insatisfacción crónica que sirve como punto central de la primera de las Cuatro Nobles Verdades, marco fundacional de toda la tradición budista.

Esencia de la mente (tibetano: *sem nyi*): término utilizado para describir la naturaleza vacía y clara de la conciencia. Véase también *conciencia pura*.

Experiencia de meditación (tibetano: *nyam*): experiencias efímeras de meditación que se producen como subproductos del proceso de meditación. Pueden ser placenteras, como estados de dicha y claridad vívida, o desagradables, como emociones fuertes y sensaciones incómodas de movimientos de energía en el cuerpo. Estas experiencias de meditación condicionadas y transitorias se contraponen a la auténtica realización, que es duradera y no está sujeta a los altibajos de la experiencia.

Gran Vehículo (sánscrito: *Mahayana*): el segundo de los tres *yanas*, o vehículos, presentados en la tradición budista tibetana. Este enfoque se centra en la puerta de entrada del voto del *bodhisattva* que da lugar a la *bodhichitta*, así como en los principios de *vacuidad* y *naturaleza búdica*. La aplicación en la vida cotidiana de este enfoque hace hincapié en la compasión y en las *seis paramitas*. El camino del Gran Vehículo culmina con la realización de la budeidad.

Hinayana: véase *Vehículo Fundacional*.

Karma: principio de causa y efecto. Este principio subraya la naturaleza causal de la realidad: el hecho de que cada pensamiento, palabra y acción pone en marcha una reacción en cadena que condicionará nuestra experiencia futura.

Klesha: estados mentales y emocionales destructivos que causan y perpetúan el sufrimiento y la insatisfacción. Los *kleshas* más comúnmente enumerados son los *tres venenos* del apego, la aversión y la ignorancia.

Mahayana: véase *Gran Vehículo*.

Mantra: sílabas sagradas que, cuando se recitan, tienen una cualidad protectora sobre la mente. Esta cualidad protectora deriva del hecho de que los mantras ayudan al meditador a permanecer anclado en la percepción pura de su propia naturaleza despierta.

Meditación de introspección (sánscrito: *vipashyana*; pali: *vipassana*): la meditación de introspección se centra en explorar la naturaleza de la realidad y el funcionamiento de la mente humana para obtener una comprensión experiencial. La percepción que surge de este proceso meditativo desarraiga los patrones mentales y emocionales que generan sufrimiento. Junto con la *meditación de tranquilidad*, es una de las dos formas principales de meditación budista.

Meditación de la tranquilidad (sánscrito: *shamata*): también conocida como «permanecer en calma». La meditación de la tranquilidad se centra en calmar y estabilizar la mente, un proceso que aporta flexibilidad a la mente y que esté menos sujeta a impulsos y hábitos inconscientes. Junto con la meditación de introspección, es una de las dos formas principales de meditación budista.

Mente ordinaria (tibetano: *ta mal gyi shé pa*): término utilizado para describir la naturaleza vacía y clara de la conciencia. Véase también *conciencia pura*.

Mudra: símbolos sagrados que representan cualidades despiertas. Por lo general, los mudras son gestos y movimientos físicos simbólicos que representan diversos aspectos del estado despierto.

Nang-pa: literalmente «interior». Es la palabra tibetana para referirse a los budistas y describe a alguien que encuentra la iluminación o la libertad interior dentro, en lugar de orientarse hacia alguna fuerza divina exterior a sí mismo.

Naturaleza búdica: la verdadera naturaleza despierta que poseen todos los seres sensibles, que es innatamente completa e innatamente buena. En algunas tradiciones, esto se ve como un potencial, como una semilla que aún no ha brotado, mientras que en otras se considera una realidad plenamente manifiesta que podemos reconocer en cualquier momento.

Ngakpas: una comunidad tradicional del Tíbet de meditadores cabezas de familia que se centran principalmente en las enseñanzas del Vajrayana, manteniendo una práctica profunda del Dharma junto con las responsabilidades familiares y laborales.

Ngondro: prácticas de meditación preliminares o fundacionales que preparan al estudiante para las prácticas principales del budismo Vajrayana. Por lo general, la práctica *ngondro* consiste en realizar las cuatro prácticas «externas» de contemplar 1) el valor inapreciable del nacimiento humano, 2) la impermanencia, 3) la causa y efecto kármicos y 4) el sufrimiento del *samsara*, junto con las 100.000 repeticiones de las cuatro prácticas «internas» de 1) refugio y postraciones, 2) Vajrasattva y el *mantra* de 100 sílabas, 3) ofrenda del mandala y 4) *gurú yoga*.

Nirvana: el cese del sufrimiento y el estado culminante del camino budista.

Nyam: véase *experiencia de meditación*.

Óctuple Sendero: los elementos del camino budista hacia el despertar que conforman la Cuarta Noble Verdad, el marco fundacional de toda la tradición budista. Estos ocho elementos consisten en 1) visión correcta, 2) motivación correcta, 3) palabra correcta, 4) acción correcta, 5) sustento correcto, 6) esfuerzo correcto, 7) atención correcta y 8) concentración correcta.

Renuncia: el proceso de abandonar viejos hábitos y actividades que no conducen a un bienestar y una realización duraderos, y una reorientación simultánea hacia el camino del despertar y la búsqueda de la plenitud y la felicidad interior.

Rigpa: véase *conciencia pura*.

Sadhana: liturgia ritual centrada normalmente en un *buda* o *bodhisattva* específico (conocido como *yidam* en el budismo Vajrayana) que permite al meditador reconocer su propia naturaleza despierta.

Samadhi: un estado de equilibrio meditativo en el que la mente se vuelve completamente estable y se sumerge en el objeto de meditación, que puede ser un objeto sensorial como la respiración o un sonido, un objeto interior como un mantra recitado mentalmente, una cualidad como la compasión o, incluso, la naturaleza de la conciencia.

Samsara: el ciclo de sufrimiento e insatisfacción crónica, causado por una percepción errónea de la realidad y una ceguera ante la propia naturaleza verdadera. Esta ceguera, tradicionalmente denominada «ignorancia», desencadena patrones emocionales, como el apego y la aversión, que crean y perpetúan el sufrimiento.

Sangha: la comunidad espiritual, la tercera de las Tres Joyas, que puede significar nuestros compañeros directos en el camino hacia el despertar, pero también el linaje de personas con cierto grado de realización.

Shamata: véase *meditación de la tranquilidad.*

Shunyata: véase *vacuidad.*

Sin-yo (sánscrito: *anatman*; tibetano: *dak mé*): importante principio budista según el cual no existe una identidad permanente y duradera que subyazca a nuestra experiencia, sino solo un flujo mucho más fluido y dinámico de experiencias físicas y mentales que cambian de un momento a otro.

Tonglen: literalmente «enviar y tomar»; una práctica de meditación arraigada en las antiguas enseñanzas del budismo indio que consiste en imaginar que con cada espiración uno envía felicidad, virtud y todas sus experiencias positivas a otro individuo, grupo o a todos los seres, y que, al inspirar, uno está tomando su sufrimiento, su karma negativo y cualquier otro factor negativo que pueda causarles sufrimiento.

Tres Joyas: los tres apoyos externos del maestro (el Buda), el camino (el Dharma) y la comunidad (el Sangha) en los que un practicante puede confiar mientras practica el budismo. «Tomar refugio» en las Tres Joyas es el punto de partida del camino budista. Estas tres son las fuentes externas de refugio, que apoyan el proceso de encontrar la fuente interna de refugio, es decir, la propia naturaleza búdica.

Tres venenos: los tres *kleshas* que son los factores principales que causan sufrimiento y perpetúan el *samsara*: apego, aversión e ignorancia.

Tres *yanas*: tres enfoques diferentes que describen toda la gama de enseñanzas y prácticas budistas que evolucionaron en la India y, especialmente, cómo se clasificaron y entendieron en la famosa Universidad de Nalanda, un importante centro de aprendizaje budista que funcionó durante cientos de años en la antigua India. Esta tradición llegó más tarde al Tíbet, donde sigue siendo el marco principal para comprender las enseñanzas budistas. Los tres *yanas* son el Vehículo Fundacional (Hinayana), el Gran Vehículo (Mahayana) y el Vehículo Vajra (Vajrayana).

Tummo: práctica yóguica esotérica de la antigua tradición budista india que se transmitió al Tíbet y se incluyó en los seis dharmas, o seis yogas, de Naropa. Esta práctica meditativa en particular consistía en utilizar técnicas de respiración, movimientos físicos y visualización para generar calor en el cuerpo y una visión profunda de la naturaleza de la consciencia.

Vacuidad (sánscrito: *shunyata*): la ausencia de cualquier realidad sólida y fija; la infinita apertura y potencialidad que existe dentro de todas las cosas más allá de todas las etiquetas y conceptos que utilizamos para navegar por el mundo.

Vajra: imagen tradicional de la tradición budista que simboliza algo inmutable e indestructible. Esta imagen se utiliza a menudo para representar la naturaleza búdica y la claridad vacía de la naturaleza de la mente.

Vajrayana: véase *Vehículo Vajra*.

Vehículo (sánscrito: *yana*): término budista tradicional que transmite el significado de algo que transporta a uno al estado de despertar o discernimiento espiritual. El marco más común enumera tres *yanas*, aunque hay otros sistemas que incluyen nueve vehículos diferentes. Cada vehículo es un enfoque distinto que tiene sus propios puntos de vista y principios, prácticas de meditación, aplicación en la vida cotidiana y estado de fructificación (es decir, el resultado de seguir el camino).

Vehículo Fundacional (sánscrito: *Hinayana*): el primero de los tres *yanas*, o vehículos, presentados en la tradición budista tibetana. Este enfoque se centra en la vía de entrada a la toma de refugio en las Tres Joyas y en la visión del *sin-yo*, así como en los principios de interdependencia e impermanencia. La aplicación de este enfoque en la vida cotidiana hace hincapié en la no violencia, o *ahimsa*, y conduce a una etapa de realización conocida como el *arhat*, o «destructor de enemigos».

Vehículo Vajra (sánscrito: *Vajrayana*): el tercero de los tres *yanas*, o vehículos, presentados en la tradición budista tibetana. Este enfoque se centra en reconocer la presencia de la naturaleza búdica en cada experiencia. Es especialmente conocido por sus poderosas técnicas de meditación, que utilizan experiencias humanas comunes, como los sueños, el deseo sexual y el proceso de agonizar y morir, para despertar. El camino del Vehículo Vajra culmina en la búsqueda de un hogar en la claridad abierta y espaciosa de la conciencia misma.

Vidhyadhara: literalmente «poseedor de la consciencia»; un nivel de despertar en la tradición Vajrayana que implica un dominio de la consciencia pura y de los métodos meditativos que permiten su plena realización.

Vipashyana: véase *meditación de introspección*.

Vipassana: véase *meditación de introspección*.

Yana: véase *vehículo*.

Yidam: forma específica de un *buda* o *bodhisattva* despierto que se utiliza como base para las prácticas de meditación en el Vajrayana. Un meditador suele visualizarse a sí mismo como *yidam* para liberarse de la percepción impura y de la fijación en sus defectos y carencias y, en su lugar, reconocer sus propias cualidades despiertas, como la conciencia, la compasión y la sabiduría.

Lecturas favoritas

Libros sobre meditación

Goleman, Dan y Richard Davidson. *Altered Traits: Science Reveals How Meditation Changes Your Mind, Brain, and Body*. Nueva York: Avery, 2017.

Goleman, Dan y Tsoknyi Rinpoche. *Why We Meditate: The Science and Practice of Clarity and Compassion*. Nueva York: Atria Books, 2022.

Kabat-Zinn, Jon. *Wherever You Go, There You Are: Mindfulness Meditation in Everyday Life*. Nueva York: Hachette, 2005.

Mingyur Rinpoche, Yongey y Eric Swanson. *The Joy of Living: Unlocking the Secret and Science of Happiness*. Nueva York: Harmony, 2008 (reedición).

Ricard, Matthieu. *Why Meditate? Working with Thoughts and Emotions*. Carlsbad, CA: Hay House, 2010.

Salzberg, Sharon. *Lovingkindness: The Revolutionary Art of Happiness*. Boston: Shambhala, 2002

Libros sobre budismo

Chödrön, Pema. *When Things Fall Apart: Heart Advice for Difficult Times*. Boulder: Shambhala, 2016 (ed. aniversario).

Dalái Lama. *The Art of Happiness: A Handbook for Living*. Nueva York: Riverhead Books, 2009 (10.ª ed. aniversario).

Dzogchen Ponlop Rinpoche. *Rebel Buddha: A Guide to a Revolution of Mind*. Boston: Shambhala, 2011.

Khenpo Sherab Sangpo. *The Heart of Tibetan Buddhism: Advice for Life, Death, and Enlightenment*. Boulder: Shambhala, 2024.

Kornfield, Jack. *A Path with Heart: A Guide Through the Perils and Promises of Spiritual Life*. Nueva York: Bantam Books, 1993.

Mingyur Rinpoche, Yongey y Helen Tworkov. *In Love with the World: A Monk's Journey Through the Bardos of Living and Dying*. Nueva York: Spiegel & Grau, 2019.

Suzuki, Shunryu. *Zen Mind, Beginner's Mind: Informal Talks on Zen Meditation and Practice*. Boston: Shambhala, 2011.

Tsoknyi Rinpoche y Eric Swanson. *Open Heart, Open Mind: Awakening the Power of Essence Love*. Nueva York: Harmony, 2012.

Biografías inspiradoras de maestros budistas

Acariya Maha Boowa Nanasampanno. *Venerable Acariya Mun Bhuridatta Thera: A Spiritual Biography*. Dhamma, 2004.

Allione, Tsultrim. *Women of Wisdom*. Ithaca, NY: Snow Lion, 2000.

Nhat Hanh, Thich. *Old Path, White Clouds: Walking in the Footsteps of the Buddha*. Berkeley, CA: Parallax Press, 1987.

Ricard, Matthieu. *Enlightened Vagabond: The Life and Teachings of Patrul Rinpoche*. Boulder: Shambhala, 2017.

Schmidt, Amy. *Dipa Ma: The Life and Legacy of a Buddhist Master*. Nueva York: BlueBridge, 2005

Tsangnyön Heruka. *The Life of Milarepa*. Nueva York: Penguin, 2010.

Tulku Urgyen Rinpoche. *Blazing Splendor: The Memoirs of Tulku Urgyen Rinpoche*. Boulder: Rangjung Yeshe Publications, 2005.

Clásicos budistas tradicionales

Bhikkhu Bodhi (traductor). *In the Buddha's Words: An Anthology of Discourses from the Pali Canon*. Somerville, MA: Wisdom, 2005.

Acharya Buddharakkhita (traductor). *The Dhammapada: The Buddha's Path of Wisdom*. Onalaska, WA: BPS Pariyatti Editions, 2019.

Dilgo Khyentse Rinpoche. *The Heart of Compassion: The Thirty-Seven Verses on the Practices of a Bodhisattva*. Boulder: Shambhala, 2017.

Longchenpa. *Finding Rest in the Nature of Mind*. Boulder: Shambhala, 2020.

Patrul Rinpoche. *The Words of My Perfect Teacher*. New Haven, CT: Yale University Press, 2010.

Shantideva. *The Way of the Bodhisattva*. Boston: Shambhala, 2008.

Sobre la Comunidad de Meditación Tergar

La Comunidad de Meditación Tergar apoya a individuos, grupos de práctica y comunidades de meditación de todo el mundo para que aprendan a vivir con conciencia, compasión y sabiduría. El enfoque Tergar de la meditación hace hincapié en la experiencia directa, el autodescubrimiento y la aplicación de la meditación en la vida cotidiana. Basada en el linaje budista tibetano de Yongey Mingyur Rinpoche, Tergar ofrece programas en línea y presenciales, retiros de meditación y cursos sobre diversos temas relacionados con la meditación y el budismo.

Tergar propone dos vías principales de formación en meditación: la Alegría de Vivir y la Vía de la Liberación. La Alegría de Vivir es una vía de formación en meditación abierta para personas de todas las creencias y procedencias. Se centra en cultivar las cualidades innatas de la conciencia, la compasión y la sabiduría, y en aplicar la meditación a la vida cotidiana. El Camino de la Liberación se basa en la Alegría de Vivir, proporcionando una formación paso a paso en la meditación budista, fundamentada en el antiguo linaje tibetano de Mingyur Rinpoche y centrada en el reconocimiento de las cualidades despiertas de la conciencia pura.

Para obtener más información o encontrar una comunidad Tergar en su zona, visite www.tergar.org.